Spurensuche

Michael Engler

Spurensuche

Archäologie in deutschen Landschaften

mit Texten von Claus Ahrens

Wachholtz Verlag

Abbildung auf dem Schutzumschlag:
Die „Baumburg“ bei Hundersingen

ISBN 3 529 05318 X

Wachholtz Verlag, Neumünster
1994

Inhaltsübersicht

Über dieses Buch

Archäologie beginnt immer in der Landschaft. Dort findet man die Spuren menschlichen Lebens und Wirkens. Oft liegen sie unter der Oberfläche verborgen, und es bedarf der archäologischen Ausgrabung, um sie zu erforschen und zu deuten. Vielfach sind sie „obertägig" sichtbar geblieben, manchmal sehr deutlich, wie Großsteingräber oder mächtige Grabhügel und Burgwälle. Oft aber sind sie recht unscheinbar, und nur der Fachmann wird sie auf den ersten Blick erkennen, wie stark abgepflügte Grabhügel, zerstörte Steingräber, Acker- und Wegespuren und anderes mehr. Es sind ausschließlich diese im Gelände sichtbar erhaltenen Spuren unserer Geschichte, um die es in diesem Buch geht.

Alle deutschen Bundesländer verfügen heute über Behörden und Ämter, deren Aufgabe es ist, die Spuren der Geschichte zu schützen, die im Fachjargon Bodendenkmale genannt werden. Dafür gibt es Gesetze und Verordnungen, in denen geregelt ist, wie im einzelnen zu verfahren ist.

Aber: amtlicher Schutz ist eine Sache, die Akzeptanz in der Öffentlichkeit eine andere. Denn nur, wenn möglichst viele Menschen um die Spuren der Geschichte in der Landschaft wissen, ihre Bedeutung kennen und wenn sie von der Notwendigkeit überzeugt sind, daß diese Spuren des Schutzes der Allgemeinheit bedürfen, besteht einige Aussicht auf Erfolg.

Daher ist es ein wichtiges Anliegen der amtlichen Bodendenkmalpfleger, um Unterstützung in der Öffentlichkeit zu werben. Als Wissenschaftler tun sie dies durch vielerlei Informationen, Broschüren, Bücher, Vorträge, auch mit Hilfe restaurierter Bodendenkmale, die deren ursprüngliches Aussehen eindrucksvoll verdeutlichen und die gelegentlich auch durch archäologische Wanderpfade zusammengefaßt werden.

Diese Art der Werbung richtet sich in erster Linie an den Verstand, die Einsicht der Menschen. Michael Engler möchte als Künstler darüberhinaus auch Emotionen, Gefühle wecken, und dafür verwendet er das Mittel der künstlerischen Fotografie.

Bei seiner vier Jahre dauernden Arbeit faszinierte es ihn besonders, Spuren längst vergangener Zeiten wieder deutlicher sichtbar zu machen, die sonst oft nur noch der Fachmann im Gelände erkennt. Ihn reizte die Synthese von wissenschaftlich-belegbarem Dokument und künstlerisch-fotografischem Bild.

Fast ein halbes Jahr benötigte Michael Engler allein für die wichtige Anfangsphase dieses Projekts: die gründlichen Recherchen bei den Landesämtern für Bodendenkmalpflege in den einzelnen Bundesländern. Wochenlang begleiteten ihn Wissenschaftler der verrschiedenen Institute, suchten mit ihm die Spuren der Geschichte in den Landschaften auf und machten Vorschläge. Manch ein Objekt mußte wieder aufgegeben werden, wenn sich vor Ort beispielsweise herausstellte, daß es von einer Schonung überwachsen war, zum Ärger des Fotografen, jedoch zur Freude der Archäologen, schützt doch der dichte Bewuchs das Bodendenkmal vor Zerstörungen. Nach dieser Anfangsphase, die wie die ersten fotografischen Exkursionen vom Deutschen Historischen Museum in Berlin unterstützt wurde, reifte die Idee zu diesem Buch.

Die neue von Michael Engler entwickelte Methode, Bodendenkmale deutlicher als bisher möglich zu fotografieren, nennt er „Lichtzeichnungen".

Dabei handelt es sich um Langzeit-Nachtaufnahmen mit akzentuierender Beleuchtung des Objekts. Die Kamera bleibt unter Aufsicht eines Assistenten natürlich, geöffnet auf dem Stativ, während der Fotograf selber mit einer Handlampe an das Objekt herangeht und im Umhergehen das beleuchtet, was er im Foto sichtbar machen will. Das kann die Steineinfassung eines Langbetts (S. 9) sein oder der Fuß eines Grabhügels (S. 18, 19) oder eines Burgwalls (S. 77).
Wenn sich die Konturen nur sehr schwach im Gelände abzeichnen, bleibt die Lichtzeichnung oft die einzige Möglichkeit der fotografischen Wiedergabe.

Da der Fotograf bei diesem Aufnahmeverfahren ständig in Bewegung bleibt, erscheint er selber nicht auf dem Bild. Andere Bewegungen können aber durchaus in das Foto hinein geraten, etwa die Wanderung der Sterne am Himmel (S. 78) oder auch das Licht eines Autos, das im Hintergrund vorbeifährt (S. 85).

Bodendenkmale liegen in der Landschaft. Viele sind sogar charakteristische Bestandteile bestimmter Landschaftstypen, Steingräber auf den norddeutschen Geestrücken, wo sie wie die älterbronzezeitlichen Grabhügel oft an dominanten Stellen zu finden sind, oder keltische Oppida, befestigte Städte, auf Anhöhen im Mittelgebirge.

Diese Landschaften haben sich im Lauf der Zeit verändert, und die Geschichtsspuren in ihnen ebenfalls. Steingräber haben ihre Hügel verloren, von denen sie ursprünglich bedeckt waren, Grabhügel sind abgeflacht und haben dabei die Steinkränze an ihrem Fuß mit Erde überdeckt, durch die sich diese Grabmonumente eindrucksvoll von der Umgebung abheben sollten. Von steil aufragenden und mit Brustwehren versehenen Burgen sind mehr oder minder abgeflachte Ringwälle oder niedrige, kaum auffallende Bodenerhebungen übrig geblieben. Mit anderen Worten: Bodendenkmale sind zu Teilen der Landschaft geworden.

Und Landschaften verändern sich im Laufe der Zeiten, manchmal sogar ganz erheblich, und sie tun es heute noch. Da gibt es zum einen den natürlichen Wandel durch allmähliche Veränderung der Oberfläche, sowohl durch Abtragung von Anhöhen als auch – für unsere Betrachtungen fast noch wichtiger – durch Ablagerungen in den Niederungsgebieten, etwa in den Marschen an der Küste oder in den Auen der Flußtäler, wodurch viele Spuren überdeckt und unsichtbar geworden sein dürften. Hinzu kommen die klimatische Entwicklung seit der letzten Kaltzeit mit ihren Konsequenzen für die Vegetation und die totale Umwandlung der natürlichen Landschaft in eine fast vollständige Kulturlandschaft, für die der Mensch verantwortlich ist; ein Prozeß, der zwar in der jüngeren Vergangenheit rapide Fortschritte gemacht hat, der aber in Wahrheit schon auf ein beträchtliches Alter zurückblicken kann.

In diese Veränderungen der Landschaft wurden auch die Spuren menschlicher Geschichte einbezogen. Sie können einiges über die stattgefundenen Prozesse aussagen. Beispiele dafür werden wir kennenlernen (S. 32, 33, 45 oder 110).

Bleiben wir noch einen Moment bei dem Begriff „Spuren“ menschlicher Geschichte: Spuren sind generell Hinweise darauf, daß an einem bestimmten Ort etwas geschehen ist, daß vielleicht ein Tier hier entlang gelaufen ist oder daß Menschen hier etwas gemacht haben. Weder das Tier ist noch dort noch die betreffenden Menschen. Spuren der Geschichte haben also nichts zu schaffen mit „Geschichte zum Anfassen“ oder „wiederbelebte Geschichte“ oder wie dergleichen reißerische und unsinnige Formulierungen von Medien oder gelegentlich auch von Museumspädagogen sonst noch lauten mögen. Geschichte läßt sich nämlich nicht anfassen oder revitalisieren. Jeder Versuch in dieser Richtung führt zwangsläufig zu ihrer Verfälschung, weil er von Menschen der Gegenwart unternommen wird.

Stattdessen haben unsere Spuren ein paar Eigenschaften, über die wir uns im klaren sein sollten. Zum ersten sind sie unbeabsichtigt entstanden, und deswegen sind sie ehrlich. Sie unterscheiden sich dadurch von vielen erzählenden Geschichtsquellen, die für Zeitgenossen oder eine Nachwelt geschrieben wurden und zumeist ein bestimmtes Ziel, eine Tendenz verfolgen, wenn auch vielleicht unbewußt.

Unsere Spuren haben aber demgegenüber den Nachteil, daß sie nicht nur zufällig entstanden, sondern vor allem höchst unvollständig sind. Nur sehr wenig von dem, was Menschen einmal gemacht haben, hat überhaupt Spuren hinterlassen, und noch seltener solche, die sich bis auf unsere Tage erhalten haben.

Ein drittes kommt noch hinzu: man muß diese Spuren lesen und womöglich auch deuten können. Dazu gehört nicht nur die Erfahrung des geübten Spurenlesers. Ganz wichtig ist die Fähigkeit, die richtigen Fragen stellen zu können. Nur so kann man zu Vermutungen über die menschlichen und geschichtlichen Hintergründe, zu Erkenntnissen über Zusammenhänge gelangen, die zu bestätigen oder zu verwerfen danach das Ziel weiterer Spurenforschung ist. Aber auch dann bleibt unsere Kenntnis der Vergangenheit immer noch unvollständig, weitgehend zufällig, im Grunde Stückwerk. Aber das gilt schließlich durchaus nicht nur für den archäologisch erforschten Teil unserer Geschichte.

Den Ahnen zum Gedächtnis

Zu den auffälligsten Denkmälern aus der Vorzeit gehören die großen Steingräber im norddeutschen Flachland, im Volksmund Hünengräber genannt, weil man glaubte, daß normalgroße Menschen nicht in der Lage waren, die riesigen Findlingsblöcke zu bewegen. Daß dies durchaus möglich ist, hat inzwischen mehrfach die Erfahrung gezeigt. Als man zum Beispiel einen der großen Decksteine des „Teufelsbackofens" im Eversdorfer Forst in Mecklenburg (S. 13) wieder an seinen ursprünglichen Platz rücken wollte, bediente man sich zunächst eines Autokrans. Aber der Stein war zu schwer, und der Kran mußte unverrichteter Dinge wieder abrücken. Mit „steinzeitlichen" Methoden wurde dann der Findling von vier Männern in zweitägiger Arbeit mit Hebeln allmählich auf einen Holz-Unterbau 1,5 m hoch angehoben und von dort auf die Wandsteine der Kammer geschoben.

Es erscheint kaum vorstellbar, daß in der jüngeren Steinzeit jedermann nach dem Tod einen Platz in einem der großen Steingräber fand. Allein, wenn man an den Aufwand denkt, der für das Herbeischaffen der Steine und den Bau erforderlich war, muß man annehmen, daß diese Grabmonumente für eine

Eine im ursprünglichen Zustand wiederhergestellte steinzeitliche Grabanlage, ein sogenanntes „Langbett“ bei Karlsminde in Schwansen, Schleswig-Holstein. Die Grabkammern sind für Nachbestattungen durch einen kurzen Gang von der Seite her zugänglich.

Minderheit bestimmt waren, am ehesten wohl für die herrschenden Familien. Wo alle anderen nach ihrem Tod verblieben sind, wissen wir bis heute nicht. Wir dürfen daraus in der jüngeren Steinzeit auf eine Gesellschaft schließen, in der es ein ausgeprägtes, zumindest lokales Herrschaftssystem gab.

Warum aber machte man sich die enorme Mühe, riesige Findlinge zusammenzuholen und sie zu Grabkammern zusammenzufügen? Wir wissen es nicht. Wir können nur feststellen, daß die Verwendung großer Steine, Megalithen, vor allem zum Bau von Gräbern damals in weiten Teilen Europas bis in das Mittelmeer verbreitet war. Es liegt nahe zu vermuten, daß man den Ahnen ein Denkmal für die Ewigkeit setzen wollte.

Ausreichend Findlinge standen im norddeutschen Flachland durchaus zur Verfügung. Sie waren durch das Eis aus Skandinavien herantransportiert worden. Am Grunde des vorrückenden Eises vorangeschoben, wurden sie oft an einer Seite abgeflacht. So konnte man Kammern aus ihnen bauen, deren Innenflächen einigermaßen flächig aussehen (S. 14); die buckeligen Außenseiten, die wir heute zu sehen bekommen (S. 12), verschwanden unter dem alles überdeckenden Hügel, der meistens längst verschwunden ist.

Diese Hügel konnten rund sein (S. 15) oder die Form eines langen Rechtecks haben. In diesem Fall spricht man von Hünenbetten oder Langbetten (S. 9, 12 – 13). Sie sind in der Regel durch eng gestellte Findlinge eingefaßt. Bei den Grabkammern darin unterscheiden wir die kleinen, älteren Dolmen, die gerade groß genug für einen einzigen Toten sind, von den jüngeren Ganggräbern, in denen nacheinander mehrere Verstorbene – wohl Angehörige derselben Familie – beigesetzt werden konnten (S.14).

Heute ist nur noch ein Bruchteil der ursprünglich vorhandenen Megalithgräber übrig geblieben. Man konnte die Steine gut gebrauchen, zum Kirchenbau, für Hofmauern, als Legsteine unter Bauernhäusern und gelegentlich auch für Kriegerdenkmäler. Viele wurden auch in das steinlose Holland zum Straßenbau verkauft. Daher kommt es, daß die wenigsten Gräber unversehrt geblieben sind.

Um einen Eindruck davon zu vermitteln, wie die Megalithgräber ursprünglich ausgesehen haben, sind einige nach der archäologischen Untersuchung restauriert worden, beispielsweise in Kleinenkneten bei Wildeshausen im Oldenburgischen (S. 12). Hier bildeten 85 hohe Findlinge die Einfassung des mit 50 m gar nicht übermäßig langen Monuments, für dessen Auffüllung 1200 cbm Boden bewegt werden mußten. Heute kann man in die Grabkammer hineinkriechen. Sie bietet ohne Schwierigkeiten Platz für eine ganze Schulklasse. Das zweite der Kleinenknetener Langbetten blieb nach der Ausgrabung so liegen, wie es vorgefunden wurde, damit man das Besondere und Einmalige dieser Anlage gut erkennen kann. Obgleich sie nur etwa halb so lang ist wie die andere, enthält die Steineinfassung nicht nur eine, sondern dicht hintereinander gleich drei recht unterschiedliche Grabkammern.

In der älteren Bronzezeit sind die großen Steingräber aus der Mode gekommen. Aber die Hügel als weithin sichtbare Grabmonumente sind geblieben (S. 16 – 23). In Süd- und Mitteldeutschland spricht man daher von der „Hügelgräber-Bronzezeit". Die größten und eindrucksvollsten Grabhügel aus dieser Zeit findet man aber in den nördlichsten Bundesländern. Um sie aus der Umgebung herauszuheben, wurden sie am Fuß mit einem umlaufenden Steinkranz umgeben (S. 22).

Am Grunde des Hügels wurde der Verstorbene in einem Baumsarg beigesetzt, der aus dem Stamm einer mächtigen Eiche gefertigt war. Sehr oft wurden weitere Verstorbene im selben Hügel nachbestattet, wobei dieser oft noch vergrößert wurde. Manche Hügel scheinen Familiengrabstätten gewesen zu sein. Einen deutlichen Hinweis darauf fanden wir an den Schädeln von zwei nacheinander bestatteten Männern in einem Grabhügel unweit von Hamburg. Sie hatten die gleiche Besonderheit, sogenannte Nahtknochen. Das sind kleine Teilchen des Schädeldaches zwischen Stirn- und Schläfenbein, die ziemlich selten vorkommen, aber dominant vererbt werden.

Grabhügel sind zu Teilen der Landschaft geworden. Sie können gelegentlich sogar etwas über deren Geschichte berichten, zum Beispiel die zahlreichen Hügel auf den nordfriesischen Inseln (S. 23) mit ihren Baumsärgen. Wo gibt es dort heute noch einen Wald, der diesen Namen verdient? Da es schwer vorstellbar ist, daß man tonnenschwere Eichenstämme über große Entfernungen herangeschafft hat, muß es wohl auf Amrum, Sylt und Föhr Wälder mit entsprechenden Bäumen gegeben haben. Und das bedeutet, daß diese Gegend einst Festland war und in größerer Entfernung von der ständig windgepeitschten Küste lag.

Aufgebaut wurden die großen Grabhügel aus Heidesoden. Es müssen demnach in der älteren Bronzezeit große Heideflächen vorhanden gewesen sein. Die Heide ist aber eine Kultursteppe, eine Landschaft, an deren Zustandekommen der Mensch entscheidend beteiligt ist, etwa durch vollständige Abholzung des natürlichen Waldes, oder – noch wirksamer – durch Beweidung. Dabei verhindern vor allem Schafe das Nachwachsen junger Bäume. Der Wald stirbt ab und wird durch das gegen Verbiß immune Heidekraut ersetzt. Unsere Grabhügel legen also Zeugnis davon ab, in welchem Umfang bereits vor 3000 Jahren die natürliche Landschaft durch Menschen verändert wurde.

In der mittleren Bronzezeit fand ein Wechsel des Bestattungsbrauchtums statt: Die Toten wurden verbrannt und die Überreste, kalzinierte Knochenteile und metallenes Kleidungszubehör, in Tonurnen beigesetzt. Dabei wurden auch die Grabhügel kleiner und unscheinbarer, so daß sehr viele in der Folgezeit verschwunden sind, oft durch Abpflügen als Folge des sich ausbreitenden Ackerbaus. Eines der Gräberfelder aus dieser Zeit mit rund 500 kleinen Hügel hat sich in einer der letzten ausgedehnten Heideflächen von Pestrup bei Wildeshausen im Oldenburgischen erhalten (S. 18 – 19).

Es kommt des öfteren vor, daß Grabmonumente aus verschiedenen Zeitabschnitten nahe beieinander liegen und gemeinsam eine Nekropole bilden, die einen Zeitraum von vielen Jahrhunderten, gelegentlich sogar einige Jahrtausende umfassen kann. Ein eindrucksvolles Beispiel finden wir in Sodersdorf in der Lüneburger Heide (S. 22). Es beginnt mit einem neolithischen Flachgrab ohne oberirdisches Grabmonument aus dem dritten vorchristlichen Jahrtausend. Es folgt ein Ganggrab der Trichterbecherkultur, das später, zu Beginn des zweiten Jahrtausends von Leuten der Einzelgrabkultur usurpiert wurde. Von einer größeren Gruppe älterbronzezeitlicher Grabhügel blieb nur einer übrig. Und aus dem Ende des ersten vorchristlichen Jahrtausends stammt ein ganzer Urnenfriedhof, der sich übrigens durch seine vollständig erhaltenen kleinen Grabdenkmäler aus Steinen auszeichnet, die normalerweise längst verschwunden sind.

Natürlich wissen wir nicht, ob wir aus einem solchen Zusammentreffen auf eine wirkliche Kontinuität über einen sehr langen Zeitraum schließen dürfen. Dies zu erwägen ist aber durchaus erlaubt. Und daran schließt sich sofort die Frage an, ob die hier bestatteten Menschen zu einer Siedlung gehört haben, die ebenso lange bestanden hat wie die Nekropole. In unserem Sodersdorfer Fall wären das über 2000 Jahre.

Etwas anderes noch scheint in Sodersdorf ebenso wie in den anderen Gräberfeldern erkennbar zu werden: Der Wechsel des Bestattungsbrauchtums könnte eine Art „Demokratisierung" anzeigen. Während die großen Grabmonumente der Jungsteinzeit und der älteren Bronzezeit anscheinend nur die Bestattungen einer dominierenden sozialen Schicht enthalten, finden wir in den Urnenfeldern seit der jüngeren Bronzezeit und vor allem der vorchristlichen Eisenzeit ein Vielfaches an Gräbern, offensichtlich die gesamte Bevölkerung der zugehörigen Siedlung. Man darf deshalb sicher die Frage stellen, ob hinter dieser Veränderung des Totenkults außer religiösen Gründen vielleicht auch eine veränderte soziale Struktur zu erkennen ist. Das wäre eine Spur von Geschichte, über die keine Schriftquellen berichten.

Nachdem oberirdische Grabmonumente aus den vielen Jahrhunderten seit Beginn der Urnenfriedhöfe so gut wie fehlen, von Ausnahmen wie den keltischen Fürstenhügeln (S. 68 – 71) abgesehen, treten sie im frühen Mittelalter erneut entgegen, meistens in Form von nicht allzu großen Grabhügeln, etwa bei den Nordfriesen und den Slawen (S. 23, 25) oder gelegentlich auch bei den Sachsen. Sie enthalten in der Regel noch immer Brandgräber. Sollte hier vielleicht ein erneuter Wandel der Sozialstruktur Ausdruck finden? Es ist offensichtlich, daß nicht jedermann in einem Hügel seine letzte Ruhe fand, sondern eher nur Angehörige der örtlich dominanten Familien.

Auch Zuwanderer aus dem Norden haben ihre Spuren hinterlassen. Wikinger hatten sich an einigen geschützten Orten, die mit ihren Schiffen gut erreichbar waren, niedergelassen, um Handel zu treiben. Im 9. Jahrhundert lag einer dieser Plätze in einer Siedlung der Slawen am Unterlauf der Peene bei Menzlin. Aus ihrer skandinavischen Heimat hatten sie die Sitte mitgebracht, ihre Verstorbenen, vermutlich durchaus nicht jedermann, mit einer schiffsförmigen Steinsetzung über dem Grab zu ehren (S. 24). Die Urnen, in denen die sterblichen Überreste verwahrt wurden, sind allerdings slawische Produkte. Das Zusammenleben der Menschen zweier Völker scheint demnach gut funktioniert zu haben. Sicher spielte dabei eine Rolle, daß Begriffe wie Nationalismus noch Fremdwörter waren.

Das eine der beiden „Große Steine" genannten Langbetten von Kleinenkneten bei Wildeshausen im Oldenburgischen zeichnet sich vor allen anderen dadurch aus, daß es anstatt einer gleich drei unterschiedliche Grabkammern enthält. Das andere, im Hintergrund sichtbar, wurde nach der Untersuchung wieder in seinen ursprünglichen Zustand versetzt, indem der dammähnliche Hügel zwischen den Umfassungssteinen wieder aufgeschüttet wurde.

Abbildung oben: Der „Visbeker Bräutigam" bei Wildeshausen im Oldenburgischen ist mit 104 m Länge und 8 – 9 m Breite eines der größten erhaltenen Langbetten. Der Sage nach handelt es sich um den versteinerten Zug des Bräutigams zur Kirche. Auch die „Braut" mit ihrem Gefolge findet man unweit dieser Stelle im Wald „versteinert".

Abbildung unten: Im Eversdorfer Forst bei Grevesmühlen in Mecklenburg liegt eine Gruppe von Steingräbern, zu denen ein Langbett mit quer liegender kleiner Kammer gehört. In der Nähe steht der „Teufelsbackofen", eine Kammer mit sehr großem Deckstein, umgeben von einem Steinkranz, der einst den runden Hügel begrenzte.

Abbildung oben: Nicht nur Eiszeitgeschiebe, sondern auch einheimisches Gestein wurde, wo es keine Findlinge gab, zum Bau von Steingräbern verwendet. Die mächtigen Platten für das Grab von Grimschleben an der Saale nördlich von Bernburg wurden vermutlich am Steilhang des Saaletals gebrochen.

Abbildung unten: In der Grabkammer des „Denghoog" in Wenningstedt auf Sylt. Dies Großsteingrab liegt noch heute unter seinem ursprünglichen runden Erdhügel.

Der „Pfingstberg“ bei Latdorf, unweit von Bernburg an der Saale, wurde bisher nicht ausgegraben. Man wird unter ihm ein Grab der jüngeren Steinzeit vermuten dürfen. Der Menhir oben auf dem Grabhügel ist vielleicht ein Hinweis darauf. Er könnte allerdings auch später auf den Hügel gestellt worden sein, etwa in der Bronzezeit.

Eine Gruppe bronzezeitlicher Grabhügel bei Giekau am Selenter See in Ostholstein

Abbildung links und unten: In einer der selten gewordenen großen Heideflächen liegen in Pestrup bei Wildeshausen etwa 500 kleine, flache Grabhügel mit Brandbestattungen der jüngeren Bronzezeit und der vorchristlichen Eisenzeit.

Abbildung oben: Im Bereich einer ausgedehnten Gruppe frühbronzezeitlicher Grabhügel auf der Anhöhe „Die Berge“, bei Ramsdorf im westfälischen Münsterland, wo zu Beginn unseres Jahrhunderts noch über 200 Hügel gezählt wurden, liegt in exponierter Randlage der „Ringwall-Hügel“, mit 25 m Durchmesser der größte der Gruppe. Er wird von zwei umlaufenden Ringwällen umgeben. Derartige Grabmonumente sind sehr selten.

Die Worker Hügel bei Patzig, eine der schönsten Gruppen großer bronzezeitlicher Grabhügel auf Rügen

Bei Sodersdorf in der Lüneburger Heide liegen Grabdenkmäler aus über zwei Jahrtausenden beieinander: ein Steingrab aus der jüngeren Steinzeit, ein Grabhügel der älteren Bronzezeit, als letzter von einer ursprünglich größeren Gruppe, und dazwischen ein Urnenfriedhof der vorchristlichen Eisenzeit mit unterschiedlichen Steinsetzungen als Grabmonumente: kreisförmige Pflaster, dicht gesetzte Steinringe, Kreise aus hochkant gesetzten größeren Steinen und einzelne Stelen. Nach der Ausgrabung der gesamten Nekropole wurde ein Teil davon an Ort und Stelle originalgetreu restauriert.

Eine Gruppe wikingerzeitlicher Friesengräber zu Füßen des großen im Hintergrund sichtbaren bronzezeitlichen Grabhügels „Esenhugh“ bei Steenodde auf Amrum. Es kommt nicht selten vor, daß frühmittelalterliche Gräberfelder dicht an stein- oder bronzezeitlichen Hügeln angelegt wurden.

Schiffsförmige Steinsetzungen über Brandgräbern in einem umfangreichen Gräberfeld neben dem slawischen Handelsort Menzlin bei Anklam zeigen, daß hier auch skandinavische Wikinger ansässig waren.

Slawisches Grabhügelfeld beim Handelsort Ralswiek am Jasmunder Bodden auf Rügen

Leben und Wirken in der Landschaft

Gegenüber den Grabmonumenten treten die in der Landschaft sichtbar gebliebenen Spuren vom täglichen Leben der Menschen stark in den Hintergrund. Ihre Behausungen sind längst zerfallen, und die wenigen Überreste davon können in aller Regel nur per Ausgrabung zutage gefördert werden. Aber es gibt einige Ausnahmen. Ein paar davon sind deswegen bemerkenswert, weil sie nicht nur vom Leben der Menschen berichten, sondern zugleich auch in engem Zusammenhang mit der speziellen Geschichte der betreffenden Landschaften stehen.

Ich weiß nicht, ob die landläufige Meinung immer noch davon ausgeht, daß die Menschen zu Beginn in Höhlen gelebt haben. Natürlich kann das nicht richtig sein, weil es Höhlen nur in ganz bestimmten Landschaften gibt, vorwiegend in Kalkgebirgen, und überhaupt nicht in den Flachland-Gebieten. Und zum zweiten haben die Menschen der älteren und der mittleren Steinzeit überhaupt nicht im neuzeitigen Sinne „gewohnt“. Da sie aus ihrer Landschaft als Wildbeuter alles entnahmen, was sie zum Leben brauchten, durch Sammeln von pflanzlicher Nahrung und, soweit sie es vermochten, auch durch Jagd und Fischfang, konnten sie immer nur eine kurze Zeit an temporären Lagerplätzen bleiben.

In der Einhornhöhle nordöstlich von Scharzfeld im Harz sind seit langem immer wieder Knochen eiszeitlicher Tiere gefunden worden. Daß auch Neandertaler sich hier aufgehalten haben, belegen Steinwerkzeuge, die erst vor wenigen Jahren zutage kamen.

Selbstverständlich nutzte man dafür auch natürliche Höhlen oder vorspringende Felsdächer, sogenannte Abris. Und weil Höhlen schon seit langem Abenteurer und Forscher angezogen haben, wurden in ihnen viel früher als anderswo Spuren der Anwesenheit von Menschen gefunden, so zum Beispiel bereits im Jahre 1875 in der Ofnet-Höhle bei Nördlingen im Ries (S. 138), lange bevor „Freiland-Stationen" entdeckt und ausgegraben wurden.

Seit dem vorigen Jahrhundert wird auch in der „Einhornhöhle" bei Scharzfeld im Harz (S. 27) immer wieder nach Spuren des Menschen gesucht. Gefunden wurden stattdessen nur fossile Knochen, unter denen man auch solche des sagenhaften Einhorns vermutete, wonach die Höhle ihren Namen bekam. Erst kürzlich wurden zufällig bei einer paläontologischen Grabung einige Steingeräte aus der Zeit des Neandertalers, der mittleren Altsteinzeit gefunden.

Auch vorspringende Felsdächer, entstanden durch komplexe Verwitterungsvorgänge, zumeist bei horizontaler Schichtung von Gesteinen unterschiedlicher Widerstandskraft, wurden immer wieder aufgesucht. Sie boten nicht nur den Wildbeutergruppen der älteren und der mittleren Steinzeit Schutz und einfachste Wohnung (S. 30 – 31), sondern dienten später auch als Unterkunft, etwa bei Jagdausflügen oder für Hirten, gelegentlich sicher auch als Versteck in unsicheren Zeiten. Wo es viele solche Abris gibt, etwa im südlichen Niedersachsen, sind fast unter allen bei Probegrabungen Spuren der Anwesenheit von Menschen festgestellt worden.

Gleichwohl sind Höhlen und Abris Ausnahmen. Im Normalfall lagen die Stationen der alt- und mittelsteinzeitlichen Wildbeuter unter freiem Himmel, vor allem natürlich an Stellen, die günstige Voraussetzungen für die Beschaffung des Lebensnotwendigen boten. Wir können sicher sein, daß die Menschen in jenen Zeiten ein derart enges Verhältnis zur Landschaft hatten, wie wir es uns heute überhaupt nicht vorstellen können. Von der natürlichen Umgebung voll und ganz abhängig zu sein erzeugt eine Mentalität, die von unserer differenzierenden Denkweise grundverschieden gewesen sein muß. Unsere Probleme, die Mentalität etwa der australischen Aborigines zu verstehen, mag uns davon eine Ahnung vermitteln.

Es gibt wenige Plätze, die zumindest über die äußeren Lebensumstände von Menschen der mittleren Steinzeit nähere Auskunft geben können. Einer der aufschlußreichsten ist eine flache sandige Erhebung in der weiten Moorfläche des Rhinluchs bei Friesack im Brandenburgischen (S. 32). Hierher kamen über eine lange Zeit immer wieder Gruppen von Jägern, die auf dem trockenen Sandhorst jeweils für kurze Zeit ihr Lager aufschlugen. Ein Grabungsschnitt am Hang der Düne bis weit in das Moor hinein ergab eine komplizierte Schichtenfolge, die ungefähr 50 Aufenthalte von Menschen in der Zeit von etwa 8000 bis 5000 v. Chr. Geb. bezeugte und die auch erkennen ließ, daß hier zu Beginn des Mesolithikums offenes Wasser war, dessen Ufer die Jäger offenbar anzog. Im Laufe der Jahrhunderte verlandete die Umgebung immer mehr und bedeckte sich mit Wald, so daß die mittelsteinzeitlichen Jäger anscheinend langsam das Interesse verloren und nicht wieder kamen.

Wenn von vorgeschichtlichen Siedlungen der jüngeren Steinzeit und der Bronzezeit die Rede ist, dürfen die sogenannten „Pfahlbauten" natürlich nicht unerwähnt bleiben. Seit der Entdeckung von Pfahlstümpfen im Zürichsee 1854 durch Ferdinand Keller und danach unter anderem auch im Bodensee (S. 33) und durch ihre Deutung als im Wasser stehende Pfahlbauten galten sie als die prähistorischen Behausungen schlechthin. Es kam alsbald zu einer regelrechten Pfahlbauromantik in der Literatur und Kunst.

Inzwischen hat sich längst herausgestellt, daß diese Siedlungen zumeist nicht im Wasser, sondern auf nassen und gelegentlich überschwemmten Uferstreifen standen. Warum man gerade hier siedelte, ist uns heute ein Rätsel. Dabei sollten wir aber die Bedeutung von Überschwemmungen damals nicht überbewerten. Schließlich liefen keine Keller und Garagen voll Wasser. In diesen Feuchtbodensiedlungen – so der heute gebräuchliche Fachausdruck – waren die Häuser oft tatsächlich als „Stelzbauten" auf Pfählen vom Untergrund abgehoben, oder sie hatten als „Packwerkbauten" unter dem Fußboden eine dicke Lage aus Holz und Reisig. Die Veränderungen des Seespiegels bewirken, daß ihre Reste heute unter Wasser geraten sind. Die dort gelegentlich sichtbaren Pfahlstümpfe sind die tragenden Pfosten von Häusern – sofern sie nicht von mittelalterlichen und neuzeitlichen Anlagen für den Fischfang stammen.

Zu den wenigen Siedlungsplätzen, von denen heute noch Spuren im Gelände sichtbar sind, gehören einige ausgedehnte Anlagen aus der jüngeren Bronzezeit, bzw. nach süddeutschem Sprachgebrauch aus der Urnenfelderzeit, also aus den ersten Jahrhunderten des letzten vorchristlichen Jahrtausends. Diese Siedlungsplätze zeichnen sich dadurch aus, daß sie mit einem Befestigungssystem versehen wurden.

Wahrscheinlich wuchs in dieser Zeit die Bevölkerung stark an, was nicht nur zu Versorgungsproblemen und damit zu Veränderungen der Landwirtschaft führte und als Folge davon zu weiträumigeren Siedlungskomplexen, sondern auch zu einer fortschreitenden sozialen Gliederung. So sind auf dem Hesselberg (S. 36 – 37) Zeugnisse handwerklicher, land- und hauswirtschaftlicher Produktion ebenso zutage gekommen wie Hinweise auf eine militärische Führungsschicht. Derartige Veränderungen, bei denen offenbar auch Einflüsse aus dem südosteuropäischen und dem Mittelmeerraum eine Rolle spielten, haben sicherlich zu Spannungen und gesellschaftlichen Streßsituationen geführt. Die Lage der Siedlungen auf schwer zugänglichen Bergrücken, etwa auf dem Pfaffenstein in der Sächsischen Schweiz (S. 34 – 35), und ihre Befestigungen scheinen dies zu bestätigen.

Von den aus vergänglichem Material gebauten Häusern ist in diesen befestigten Dörfern obertägig, wie bei fast allen vor- und frühgeschichtlichen Siedlungen, nichts mehr zu sehen. Aus dem Mittelalter kennen wir aus den schriftlichen Quellen und aus den Forschungen der Geographen eine große Zahl verlassener Dörfer. Aber nur von wenigen dieser vorwiegend im 14. Jahrhundert entstandenen Wüstungen sind sichtbare Spuren im Gelände erhalten geblieben.

Wenn eine Wüstung so liegen blieb, wie sie verlassen wurde, verfielen die Häuser, die Kirche – wenn es denn eine gab – endete als Steinbruch, und alles wurde im Laufe der Zeit mit Erde und Laub überdeckt. Das Dorf, von dem oft nur der Name, etwa als Flurbezeichnung, in Erinnerung blieb, wurde zu einer buckeligen Landschaft, die oft von einer charakteristischen Ruderalflora überzogen ist (S. 40 – 41).

Neben Dorfwüstungen findet man gelegentlich auch Flurwüstungen im Gelände, aufgegebene Ackerflächen, von denen die Hoch- oder Wölbäcker besonders charakteristisch sind: schmale, oft sehr lange, leicht aufgewölbte Streifen, die dadurch entstanden sind, daß mit dem Wendepflug der Boden immer nach innen umgeworfen wurde (S. 44). Man findet sie natürlich nur dort, wo seit dem Mittelalter nicht mehr geackert wurde, im Wald oder manchmal auch in Dauerweiden. In leicht abfallenden Gelände pflügte man gern am Hang entlang, um das Abschwemmen des Bodens zu verhindern. Die nebeneinander liegenden aufgewölbten Langstreifen wurden dadurch zu einer Art Terrassen (S. 42 – 43).

Die Wechselwirkung zwischen Landschafts- und Kulturgeschichte wird immer wieder dort am deutlichsten, wo das Wasser ein wesentlicher Faktor ist. Vor allem die Marschgebiete an der Nordseeküste und in den Niederungen der großen Ströme sind von der gegenseitigen Abhängigkeit natürlicher Vorgänge und menschlicher Aktivitäten geprägt, und zwar in ständig zunehmendem Umfang bis auf den heutigen Tag. Auslösender Faktor ist dabei das scheinbare Ansteigen des Nordseespiegels, bei dem es sich aber tatsächlich um ein langsames isostatisch bedingtes Absinken des Landes handelt. Die Marschenbauern waren daher gezwungen, sich gegen die allmählich immer höher auflaufenden Fluten zu schützen. Sie wohnten auf künstlichen Anhöhen, Wurten oder Warften. Später versuchte man das tief liegende Land durch Deiche zu sichern, was aber seinerseits zu höheren Extremfluten führte und die bedeichten und entwässerten Flächen zusätzlich wegen ihrer tiefen Lage gefährdete.

Von den Marschenflächen außerhalb der Deichlinie, den nordfriesischen „Uthlanden“, ging beim Fortschreiten der Meerestransgression Stück um Stück verloren, manchmal in katastrophalen Sturmfluten in denen Tausende mit all ihrem Vieh ertranken. Trotzdem gaben die vom Unglück Verschonten nicht auf. Von den ausgedehnten Marschflächen sind außer den Inseln Pellworm und Nordstrand nur noch die kleinen Halligen übrig geblieben. Dort versuchte man, sich auf besonders hohen Warften vor den immer höher auflaufenden Fluten zu schützen (S. 44), durchaus nicht immer mit Erfolg. Manche Warft fiel der See zum Opfer, und wo sie einst stand, breitet sich heute das Watt aus. (S. 45).

Weit vom Festland entfernt gab es auf den Halligen ein zusätzliches Problem mit der Wasserversorgung. Für das Vieh wurde auf der Warft eine Art Zisterne, ein „Fething“ für Regenwasser ausgehoben, ein Charakteristikum der Halligwarften, übrigens noch bis nach der großen Flut von 1962, als endlich Wasserleitungen vom Festland her gelegt wurden.

Unter mehreren der zahlreichen Felsvorsprünge nördlich Scharzfeld im Harz hatten ausweislich einiger Ausgrabungen Menschen der mittleren Steinzeit eine zeitlang gehaust. Knochenfunde zahlreicher Tierarten belegen die Nutzung des Abris als Jagdlager. Aber auch Funde der Eisenzeit und aus dem Mittelalter kamen hier zutage.

Die Lagerplätze der alt- und mittelsteinzeitlichen umherschweifenden Gruppen von Jägern und Sammlern befanden sich natürlich fast immer in der offenen Landschaft an geschickt ausgewählten Plätzen. Wo sich im Gebirge natürliche Unterkünfte anboten, Felsüberhänge oder Höhlen, wurden diese – wie hier bei Reinhausen südöstlich von Göttingen – sicher gern genutzt.

Aus der vermoorten Landschaft des Rhinluchs erhebt sich eine flache, sandige Kuppe. Sie wurde über dreitausend Jahre immer wieder von Jägern der mittleren Steinzeit aufgesucht. Damals war sie von offenen Gewässern umgeben, und in der Uferzone blieben die Hinterlassenschaften der Bewohner, Geräte und Abfälle, darunter viele aus Knochen und Holz, säuberlich in Verlandungs- und Sandschichten übereinander sortiert liegen. Die Zusammenarbeit von Archäologie und Naturwissenschaften konnte daraus ein detailliertes Bild sowohl von der mesolithischen Kulturgeschichte als auch von der gleichzeitigen Veränderung der umgebenden Landschaft, vor allem deren zunehmender Verlandung, erarbeiten, wie dies bisher an keiner anderen Stelle möglich war.

So wie hier vor Unteruhldingen am Überlinger See kann man bei günstigem Wasserstand in der flachen Uferzone am Grund des Bodensees Pfahlstümpfe erkennen, die früher als Reste im Wasser stehender Pfahlbauten angesehen wurden (etwa so, wie sie dicht dabei in einem Freilichtmuseum rekonstruiert wurden). In Wahrheit handelte es sich aber um Feuchtboden-Siedlungen auf dem flachen Uferstreifen zu einer Zeit, als der Seespiegel etwas tiefer lag als heute. Vor Unteruhldingen lag offenbar ein mit Palisaden umgebenes Dorf mit ungefähr 50 bis 70 Häusern.

Die „Barberine“ am Pfaffenstein in der sächsischen Schweiz steht für die Unzugänglichkeit des Felsplateaus. Dort befand sich eine Siedlung der jungbronzezeitlichen Lausitzer Kultur in hervorragender Schutzlage. Der einzige Zugang am Westfuß des Tafelberges wurde durch einen etwa 200 m langen Wall gesichert.

Das gesamte östliche Gipfelplateau des Hesselberges, einer langgestreckten Anhöhe bei Wassertrüdingen in Franken, wurde in der Urnenfelderzeit durch eine kilometerlange Holz-Stein-Erde-Mauer umgeben, deren Überreste als flacher Wall noch zu erkennen sind. Offenbar befand sich in dieser Siedlung ein wirtschaftliches und vielleicht auch politisches Zentrum.

Die Grundmauern des Haupthauses und einiger Nebengebäude von einem römischen Gutshof, einer Villa rustica mit ausgedehntem Landbesitz, wurden bei Holheim am Südwestrand des Nördlinger Ries freigelegt. Die Lage mit weitem Blick über die umgebende Landschaft ist typisch für diese Anlagen.

Mehrere Hauspodeste, Reste des Wegesystems und der ehemalige Dorfteich sind in der Wüstung Rozedehusen am Osthang des Eggegebirges in Westfalen als Lichtzeichnung noch zu erkennen. Das Dorf wurde verlassen, als es mit den Ländereien um 1400 vom Kloster Hardehausen gekauft und seither von diesem bewirtschaftet wurde.

Königshagen, eine spätmittelalterliche Dorfwüstung mit Wallanlagen bei Barbis im Harzvorland, bestand aus etwa 13 Häusern, die sich um eine später zur Kirche umgebaute Turmhügelburg gruppierten. Das Dorf ging um 1415 in einer Fehde zwischen dem Landgrafen von Hessen und dem Grafen von Hohenstein unter.

Mittelalterliche Terrassenäcker bei Tiefenthal-Kühnhausen nördlich von Erfurt. Sie sind durch Pflügen am Hang entlang entstanden und entsprechen den Hochackerfluren mit langen, sehr schmalen Beeten im Flachland. – Ob es sich bei der Anhöhe im Hintergrund um den Rest einer Befestigung handelt, ist nicht geklärt.

Abbildung oben: Im nordfriesischen Watt lebt man bis heute auf Warften, künstlichen Wohnhügeln auf den unbedeichten Halligen. Vor dem Bau von Wasserleitungen sammelte man Regenwasser für das Vieh im „Fething".

Abbildung unten: Reste mittelalterlicher Hochäcker auf Amrum. Die langen, schmalen Beete waren jahrhundertelang unter einer Wanderdüne verborgen, bis sie vom Wind wieder freigeweht wurden.

Von einer 1825 durch eine große Sturmflut vernichteten Warft, die zu Langeneß gehörte, sind im Watt westlich dieser Hallig noch der Sockel des aus Klei aufgebauten Wohnhügels und mitten darin der Fething erkennbar geblieben, eine Art Zisterne, in der das Regenwasser für das Vieh gesammelt wurde. Durch ein ebenfalls noch erkennbares Kanalsystem konnte das Wasser abgeleitet werden, falls es bei einer Überflutung versalzt worden war.

Wehranlagen

Die größten Bauwerke, von denen hierzulande archäologische Spuren in der Landschaft zu finden sind, wurden für den Verteidigungsfall errichtet. Dies konnten sowohl einzelne Plätze sein, Siedlungen, Herrensitze oder beherrschende Orte in der Landschaft, für die in aller Regel Geländevorteile wie Anhöhen oder auch feuchte Niederungen geschickt als natürliche Schutzlagen ausgenutzt wurden. Es

In beherrschender Lage auf einem Bergvorsprung liegt das umfangreiche Wallsystem der Pipinsburg bei Osterode am Harz, in der vorchristlichen Eisenzeit offenbar ein wichtiges wirtschaftliches Zentrum im südniedersächsischen Bergland. Im Mittelalter erneut ausgebaut schützte es die Kreuzung zweier wichtiger Verkehrswege.

konnten aber auch viele Kilometer lange Systeme von Wällen oder von Burgen sein, meistens zum Schutz von Grenzen.

Befestigungen kommen in bestimmten Zeiten in auffallend großer Zahl vor. Man wird dies als Indiz für politisch bewegte Perioden nehmen dürfen. Vor allem Burgen sind daher aufschlußreiche Geschichtsquellen, besonders natürlich für die langen Zeiträume ohne Schriftquellen.

Eine bewegte Periode mit offensichtlich weitreichenden Veränderungen war die jüngere Bronzezeit, in der nicht nur ein religiöser und ökonomischer Wandel archäologisch deutlich erkennbar ist, sondern in der es offenbar auch politische Spannungen gab. Die befestigten Höhensiedlungen aus dieser Zeit dürften ein Indiz dafür sein(S. 34 – 37). Bei einigen von ihnen hat man auch später in unruhigen Zeiten die naturgegebene Schutzlage wieder ausgenutzt und die Befestigungsanlagen erneuert. Zu diesen gehört die Ostroer Schanze bei Bautzen (S. 56). Auf einem allseitig steil abfallenden Grauwackemassiv wurde gegen Ende der Bronzezeit ein Areal von 240 x 160 m durch einen Wall befestigt. Das Tor war an der steilsten Seite derart geschickt angelegt, daß man erst ein längeres Stück Weges unmittelbar vor dem Wall entlang gehen mußte, um es zu erreichen.

Viele Jahrhunderte später wurde der Platz noch dreimal befestigt: zunächst im frühen Mittelalter durch die slawischen Milzener mit einem Lehmwall mit Holzversteifungen. In spätslawischer Zeit wurde die Burg durch einen hohen Trennwall in eine Haupt- und eine Vorburg gegliedert. Schließlich wurde im Zuge der deutschen Ostexpansion auf der höchsten Stelle des Zwischenwalls eine Ritterburg in Form eines Turmhügels aufgesetzt.

Eine vergleichbare Nutzungsfolge zeichnet auch die Pipinsburg bei Osterode am Harz aus (S. 47). Auf einem an drei Seiten steil abfallenden Bergvorsprung, der schon von weitem leicht an einem aufgelassenen Gips-Steinbruch zu erkennen und von wo aus der gesamte Rand des Westharzes zu überblicken ist, liegt ein mächtiges Verteidigungssytem aus der vorchristlichen Eisenzeit, das aus einem inneren, einem mittleren und einem äußeren Wall besteht, jeweils ursprünglich mit einem Graben davor, und das im Laufe der Jahrhunderte mehrfach erneuert wurde. Daß die Burg ständig besiedelt wurde, beweisen mächtige „Kulturschichten" mit zahlreichen Funden, vor allem Gefäßscherben. Nach längerer Pause wurde die Burg im Mittelalter noch einmal reaktiviert, bis sie 1365 zerstört wurde.

Aufgrund ihrer Lage in der Nähe der Kreuzung zweier wichtiger mittelalterlicher Verkehrswege, von denen einer nach Goslar mit seinen Silberminen am Rammelsberg führte, scheint die Burg ein wichtiger wirtschaftlicher und damit wohl auch politischer Mittelpunkt im südniedersächsischen Bergland gewesen zu sein. Entsprechendes ist bereits für die eisenzeitliche Anlage zu vermuten. Das dürften Funde deutlich machen, deren Herkunft auf weitreichende Verbindungen hinweisen, die wahrscheinlich durch den Handel mit Erzen zustandegekommen sind.

Selbst das mächtige römische Weltreich brauchte Schutz vor Einfällen der Barbaren. Da es nahezu unmöglich war, die Grenze auf der gesamten Länge ausreichend zu befestigen und mit einer dauernden Besatzung zu versehen, begnügte man sich bei der Anlage des eigentlichen Limes mit einer verhältnismäßig schwachen Befestigung. Ihre Spuren im Gelände sind heute derart unscheinbar, daß man schon wissen muß, ob man am Limes steht oder an einem ganz gewöhnlichen Grenzgraben im Forst. Erst in der Rekonstruktion bekommt man einen Eindruck von der Struktur der Anlage mit ihren Wachttürmen und Toren (S. 50).

Wirklichen Schutz boten erst die Kastelle hinter der Grenzlinie, in der die Truppenkontingente stationiert waren. Diese regelmäßig im Viereck mit genau vorgeschriebener Innenaufteilung von den Soldaten selbst gebauten kleinen Festungen waren zunächst durch relativ schnell zu schaffende Erdwerke, Wall und Graben, geschützt (S. 51). Später wurden sie dann durch massives Mauerwerk ersetzt, wie man es bei der teilweise wieder aufgebauten, viel besuchten Saalburg im Taunus bei Homburg bewundern kann.

Die nächste Großmacht, die in der Geschichte unseres Landes eine bedeutende Rolle spielen sollte, waren die Franken. Auch sie versuchten, vor allem in der Frühphase ihrer Geschichte während der Ausbreitung nach Osten, ihre Machtposition durch starke Befestigungen zu sichern. Schließlich ging die Einverleibung neuer Gebiete in das fränkische Reich nicht ohne erbitterten Widerstand ab, wie dies von der dreißigjährigen Auseinandersetzung Karls des Großen mit den Sachsen Ende des 8. Jahrhunderts am bekanntesten ist. Vorher bereits geriet der mittel- und nordhessische Raum, das Gebiet zwischen den Franken, Thüringern und Sachsen, in das Rampenlicht der Geschichte. Hier verlief die auch militärisch wichtige Süd-Nord-Verbindungsstraße von Frankfurt über die Eresburg und Paderborn ins Sachsenland.

Zur Sicherung entstand auf dem Christenberg nördlich von Marburg, einem schon in keltischer Zeit befestigten Sandsteinplateau, eine der stärksten Befestigungen dieser Zeit, deren Annäherungshindernisse, besonders auf der flach abfallenden Ostseite, noch heute außerordentlich eindruckvoll sind (S. 58 – 59).

Nach der Konsolidierung des fränkischen Reiches spielten wieder, wie zur Zeit des römischen Imperiums, Grenzen eine wichtige Rolle, die es zu sichern galt. Dies hielten auch die Nachbarn jenseits der Grenzen des Frankenreiches für erforderlich, die Dänen und die Slawen. Zur Zeit Karls des Großen wurde ein breiter Streifen Ödland zwischen dem sächsischen Westen und dem slawischen Osten Schleswig-Holsteins offiziell zum „limes Saxoniae" erklärt. Zu beiden Seiten des Grenzstreifens entstanden Burgen, meist in Form von Ringwällen, nicht nur in Schleswig-Holstein, sondern ebenso weiter südlich zwischen slawischen und germanischen, bzw. deutschen Gebieten.

Zu diesem System der Grenzsicherungen wird man auch die kleine slawische Wallburg aus dem 9. Jahrhundert von Brachwitz bei Halle zählen dürfen (S. 56, 57). Sie liegt auf einer Porphyrklippe hoch über dem Saaletal, und man hat freien Blick auf die Wallburg von Lettin am gegenüberliegenden Steilufer, die in die gleiche Zeit datierte fränkische „urbs Liudineburg".

Auch die Dänen hielten es für erforderlich, ihre Südgrenze zu sichern, vor allem nachdem Karl der Große die Sachsen seinem Reich einverleibt hatte und im Jahre 810 bei Itzehoe ein Kastell zum Schutz der Reichgrenze gegen dänische Übergriffe bauen ließ. Schon 808 hatte der Dänenkönig Göttrik begonnen, die Grenzbefestigung des Danewerks (S. 54 – 55) in Verteidigungszustand zu versetzen. Die Gunst der landschaftlichen Lage machte dafür ein Wall-Graben-System von lediglich 15 km Länge erforderlich. An der engsten Stelle der cimbrischen Halbinsel schneidet die Schlei von Osten her etwa 40 km weit in das Land ein, und im Westen dehnen sich die damals unzugänglichen Marschen beiderseits der Eider und der Treene weit nach Osten hin aus und machten einen Nord-Süd-Verkehr unmöglich.

Auch nach Göttriks Zeit wurde das Danewerk weiter ausgebaut: Die ursprüngliche Holz-Erde-Konstruktion wurde durch eine in Lehm gesetzte Feldsteinmauer ersetzt, an deren Stelle unter König Waldemar im 12. Jahrhundert eine Ziegelmauer trat, die bekannte Waldemarsmauer, von der Teile noch heute zu sehen sind. Der letzte große Ausbau des Danewerks erfolgte um 1860 im Rahmen der Deutsch-Dänischen Kriege. Damals entstand auch der Schützengraben oben auf dem Wall, dessen Spuren noch gut erkennbar sind. Schließlich wurde im Zweiten Weltkrieg an der Südseite ein etwa 4 km langer Panzergraben ausgehoben.

Nachdem im Verlauf des Mittelalters der politische Einfluß des Reiches nachließ zugunsten der Fürsten und kleinerer Territorialherren sowie der Städte, waren auch diese auf Sicherung ihrer Grenzen bedacht. An vielen Stellen haben sich in der Landschaft Ruinen von Warttürmen sowie langgezogene Landwehren erhalten, meistens bestehend aus einem einfachen Wall mit davor liegendem Graben (S. 60 – 61), gelegentlich aber auch tiefer gestaffelt (S. 62).

In manchen Landesteilen, etwa im westfälischen Münsterland gab es offenbar ein dichtes Netz solcher Wallzüge, die auf Befehl der Grundherren von den abhängigen Bauern angelegt werden mußten. Durch Anpflanzung von Bäumen und Dornbüschen wurde ihre Wirksamkeit noch erheblich verstärkt. Nicht nur militärisch waren solche Landwehren von Bedeutung. Wichtiger dürfte oft die Möglichkeit gewesen sein, an den Durchlässen den Warenverkehr zu kontrollieren und Zölle zu erheben.

Landwehren sind seit der Römerzeit bis in die jüngere Vergangenheit immer wieder angelegt worden, zuletzt noch kurz vor dem Zweiten Weltkrieg. 1938 wurde mit dem Bau des „Westwalls" begonnen, eines Verteidigungssystems gegen für möglich erachtete Angriffe von Westen her. Neben Bunkern und Geschützstellungen gehörten vor allem Panzersperren aus mehreren Reihen von Betonhöckern dazu, die von vorn nach hinten immer höher werden (S. 63) Als Denkmäler aus unserer unmittelbaren Vergangenheit werden sie als „bedeutend für die Geschichte der Menschen in Deutschland" erachtet, so daß an ihrem Schutz und ihrer Erhaltung als Bodendenkmal – natürlich in Auswahl – ein öffentliches Interesse besteht. So befindet es das zuständige Landesamt für Bodendenkmalpflege.

Abbildung oben: Erst ein wieder aufgebautes Stück des römischen Limes, wie bei Orlen nordwestlich von Wiesbaden, vermittelt eine Vorstellung von dieser Grenzsicherung, die im Gelände nur sehr unscheinbare Spuren hinterlassen hat.

Abbildung unten: Der nach Ausgrabung restaurierte Sockel des Limestors von Dalkingen bei Aalen vor der Schwäbischen Alb ist Teil eines 11,5 km langen Rundweges im „Limesfreilichtmuseum" im Bereich des Kastells Buch mit weiteren Römerbauten.

Ein Wallviereck, ursprünglich mit einer hölzernen Brustwehr darauf, und davor ein doppelter Spitzgraben sind die typischen Merkmale einer kleinen römischen Befestigung, wie der „Schanze" neben dem Saalburg-Kastell im Taunus, die 1913 mit Hilfe von Pionieren rekonstruiert wurde.

Römische Kastelle sind wie hier bei Holzhausen im Taunus entsprechend „Dienstvorschrift" nach bestimmtem Muster angelegt. In der Mitte befand sich die Kommandantur, die „principia" mit dem halbrunden „Fahnenheiligtum", dem Raum für die Feldzeichen. Im Hintergrund eins der vier Tore des Kastells.

Im Taunuskastell Kapersburg sind Fundamente von Teilen der Kommandantur mit den „tabularia", den Schreibstuben, freigelegt. Die meisten Gebäude, auch die Mannschaftsbaracken, waren Holzbauten.

Zum Schutz der Südgrenze Dänemarks wurde in der Zeit Karls des Großen das Danewerk an der engsten Stelle Schleswig-Holsteins bei Schleswig unter König Göttrik angelegt, ein kompliziertes, im Laufe längerer Zeit immer wieder ausgebautes System von Verteidigungswällen zwischen den unwegsamen Marschen der Eider im Westen und der tief ins Land einschneidenden Schlei und dem Handelsort Haithabu im Osten.

Abbildung oben und rechts: Zum System der slawischen Grenzsicherung gehörte im 9. Jahrhundert die kleine Wallburg von Brachwitz bei Halle. Auf einer Porphyrklippe, hoch über dem Saaletal gelegen, bot sie weite Sicht nach Westen in das fränkische Gebiet.

Abbildung unten: Von der späten Bronzezeit bis ins Mittelalter wurde das steile Grauwackemassiv der Ostroer Schanze bei Bautzen wegen seiner hervorragenden Schutzlage immer wieder besiedelt. Hier befand sich der Mittelpunkt des slawischen Stammes der Milzener.

Das Plateau des Christenbergs bei Münchhausen, nördlich von Marburg, war bereits im 5. vorchristlichen Jahrhundert von den Kelten befestigt worden. Als Teile Hessens im 7. Jahrhundert in das fränkische Reich eingegliedert wurden, entstand hier eine der stärksten Befestigungen der Zeit.

Während das Plateau an drei Seiten steil und unzugänglich ist, legte man auf der vierten flachen Seite vor der eigentlichen Mauer ein System von bis zu sieben Wällen und Gräben hintereinander an, ein außerordentlich wirksames Annäherungshindernis, vor allem gegen Reiter.

Die Landwehr zwischen Havixbeck und Sievern westlich von Münster in Westfalen ist ein Teil eines Systems, das im Mittelalter netzartig das ganze Münsterland überzog und die verschiedenen Herrschaftsbereiche gegeneinander abgrenzte. Durch Bepflanzung mit Bäumen und Dornbüschen wurden die Wälle zu wirkungsvollen Hindernissen.

Eine tief gestaffelte Landwehr westlich von Barbis bei Bad Lauterberg am Harz, erbaut wohl im 14. Jahrhundert, diente der Grenzsicherung zwischen der Grafschaft Scharzfeld-Lauterberg und dem Fürstentum Braunschweig-Grubenhagen. In einer Fehde 1415 wurde sie teilweise zerstört.

Abbildung oben: Landwehren wie hier bei Duderstadt in Südniedersachsen kennzeichnen die Situation im späten Mittelalter und der frühen Neuzeit mit vielen kleinen Territorien, die sich zu sichern suchten und zugleich den Verkehr zwangen, die an den Durchlässen liegenden Zollstellen zu passieren.

Abbildung unten: Die Geschichte der Landwehren reicht bis in die jüngere Vergangenheit hinein. Die Panzersperren des Westwalls, erbaut gegen einen für möglich erachteten Angriff aus Frankreich, sind wie hier bei Aachen zu amtlich anerkannten Bodendenkmalen geworden.

Der „Lange Stein", auch als „Teufelsstein" überliefert, ein in vorgeschichtlicher Zeit aufgerichteter Menhir, diente im Mittelalter als Wahrzeichen einer Gerichtsstätte.

Herrschaft und Adel

Offensichtlich gibt es im Zusamenleben von Menschen einige Grundverhaltensweisen, die sich in unterschiedlichen Erscheinungsformen fast in allen Kulturen immer wieder durchsetzen. Religiöse Vorstellungen und moralische Regeln des Zusammenlebens gehören ebenso dazu wie die Tendenz zu Männerbünden. Auch scheint es in menschlichen Gesellschaften unvermeidlich zu sein, daß immer wieder einige wenige sich zur wie immer gearteten Herrschaft über die anderen aufschwingen und und es für Recht ansehen, über sie zu richten (S. 64), zumindest seit der Zeit, als Menschen begannen, über längere Zeit am gleichen Ort und in größer werdenden Gemeinschaften zu leben, also seit sie in der jüngeren Steinzeit seßhafte Bauern geworden waren. Als frühe Zeugnisse solcher Herrschaft, die sicherlich noch recht lokaler Natur war, haben wir die eindrucksvollen Großsteingräber in den nördlichen Bundesländern verstehen gelernt.

Aber auch die großen bronzezeitlichen Grabhügel wurden sicherlich nicht für jedermann errichtet. Schon aus der beginnenden Bronzezeit, der sogenannten Aunjetitzer Kultur Mitteldeutschlands, kennen wir einzelne Grabmonumente, die wir wegen ihrer Größe und ihrer ungewöhnlich reichen Ausstattung mit Grabbeigaben als „Fürstengräber" bezeichnen. Natürlich kann dieses Wort nur eine Andeutung über die vermutliche Stellung sein, die der hier Bestattete im Leben eingenommen hat, von der wir aber überhaupt nichts Näheres wissen, geschweige denn, ob er ein „Fürst" war, wie wir ihn uns heute oder in historischer Zeit vorstellen.

Ein solcher, riesiger „Fürstenhügel" aus der Anfangsphase der Bronzezeit, über 8 m hoch und mit einem Durchmesser von 34 m, wurde schon 1877 bei Leubingen nördlich von Erfurt ausgegraben (S. 68). Der Tote, ein älterer Mann, war am Grunde des Hügels in einer aus Holz massiv gebauten und mit Kalkmörtel und Schilf abgedichteten Totenhütte beigesetzt worden, über der zunächst eine 2 m hohe Steinpackung aufgeschichtet und danach der Grabhügel aufgetragen wurde. Warum man quer über den Toten die Leiche eines etwa zehnjährigen Kindes gelegt hat, können wir heute nur vermuten. War es womöglich ein Sklave, der seinem Herrn in den Tod folgen mußte, oder was für Glaubensvorstellungen könnten sonst zur „Beigabe" des Kindes der Grund gewesen sein? Wir werden es wohl nie erfahren. Unter den zahlreichen Grabbeigaben unterstreicht die Klinge eines sogenannten Stabdolches ebenso wie ein massiver Goldring den Rang des Toten. Stabdolche sind offensichtlich Rangabzeichen, die für den Kampf kaum tauglich waren. Quer am Ende eines längeren Schaftes befestigt, hatten sie eine entfernte Ähnlichkeit mit einer Hellebarde.

Noch gewaltiger als der Leubinger und andere bronzezeitliche Grabhügel sind die sogenannten Fürstenhügel der jüngeren Hallstattkultur Süddeutschlands aus dem 7. – 5. vorchristlichen Jahrhundert. Die hier bestatteten Herren residierten in mächtigen Burgen, wie der Heuneburg hoch über der Donau bei Hundersingen. Für den vermutlichen Gründer der Dynastie und Erbauer dieser Burg wurde einer der größten Grabhügel Mitteleuropas errichtet, der „Hohmichele" (S. 69) mit 50 m Durchmesser und einer Höhe von 14 m. In ihm wurden zwei reich mit Beigaben ausgestattete Kammergräber gefunden, von denen diejenige des Burgherrn bereits in der Antike ausgeraubt worden war, während in der zweiten, etwas kleineren, sehr reiche Beigaben gefunden wurden, die darauf hindeuten, daß die hier Bestatteten, ein Mann und eine Frau, dem Burgherrn nahegestanden haben. Bei mehreren einfachen Bestattungen in dem Hügel mag es sich um Bedienstete des Fürsten gehandelt haben. Später entstand um den Hohmichele eine ganze Gruppe von hallstattzeitlichen Grabhügeln (S. 69).

Mit 100 m Durchmesser und einem Volumen von über 14 000 Kubikmetern ist der „Magdalenenberg" bei Villingen am Ostfuß des Schwarzwaldes noch um einiges größer (S. 70 – 71). Er wurde vollständig ausgegraben. Im Zentrum fand man eine große Grabkammer in Blockbautechnik, deren Hölzer so gut erhalten waren, daß sie dendrochronologisch in das Jahr 577 v. Chr. Geb. datiert werden konnten. Außer dem schon im Altertum ausgeraubten Fürstengrab wurden in dem Hügel 126 Nebengräber mit insgesamt 136 Bestatteten gefunden.

Besonders deutliche Spuren hat das Herrschaftssystem bei den Slawen im ostdeutschen Raum hinterlassen. Dort gab es offensichtlich zahlreiche regionale Herren, und jeder von ihnen saß auf seiner Burg. Dabei handelt es sich um Ringwälle, die gern in feuchten Niederungen oder auf Inseln in den zahlreichen ostholsteinischen und mecklenburgischen Seen angelegt wurden (S. 72 – 77). Dort hatten sie nicht nur eine gute Schutzlage, sondern auch eine gute Chance, bis heute erhalten zu bleiben, mehr oder minder ruinös natürlich, denn die ursprünglich steile und hohe Außenfront aus Holz oder aus Soden und die Brustwehr darauf sind längst verfallen, und ein mehr oder weniger steiler oder abgeflachter Wall ist übrig geblieben.

Im Laufe der Jahrhunderte wurden mehr und mehr dieser Burgen aufgegeben. Offensichtlich gab es Machtkämpfe, und nur einige wenige Fürsten blieben übrig, die über entsprechend größere Gebiete die Herrschaft ausübten und natürlich auch in Burgen residierten.

Zu ihnen gehörte die Mecklenburg, ein heute noch über 8 m hoher ovaler Wall auf einer Fläche von 180 zu 140 m bei Dorf Mecklenburg, südlich von Wismar (S. 76 – 77). Ausgrabungen haben erwiesen, daß diese

Burg vom frühen 7. Jahrhundert, seit altslawischer Zeit also, bis in das spätslawische 13. Jahrhundert bestand. Mindestens seit dem 10. Jahrhundert wissen wir von dem arabischen Reisenden Ibrahim ibn Jacub, daß hier der Fürst des Stammes der Obotriten Nakon residierte, und auch seine Nachkommen sind namentlich bekannt. Obwohl die Mecklenburg ihren Rang im 12. Jahrhundert zeitweilig an die Burg Alt-Lübeck, die Vorläuferin der späteren Hansestadt, abtreten mußte, blieb sie ständig bewohnt und war bis 1256 der Sitz der obotritischen und späteren mecklenburgischen Fürsten.

Die von der Natur vorgegebene Schutzlage, meistens in feuchten Niederungen oder gar auf Inseln, ist ein typisches Merkmal der slawischen Herrenburgen. Wo derartige Stellen nicht zu finden waren, zog man sich genau so gern auf ebenso schwer zugängliche Höhen zurück. So lag der Mittelpunkt des slawischen Stammes der Milzener in der Ostroer Schanze westlich von Bautzen auf einem hohen Bergsporn (S. 57), der zudem noch durch ein tief eingeschnittenes Tal gesichert erscheint. Dabei nutzten die Slawen einen Platz, der schon früher befestigt gewesen war und auch später im Mittelalter noch einmal eine Burg trug (S. 48).

Turmhügelburgen lösten seit dem 11. Jahrhundert allmählich den älteren Burgentyp des Ringwalls ab. Sie werden mit einem aus dem Französischen übernommenen Fachausdruck als „Motten" bezeichnet. Wie das Wort, so dürfte auch der Typ der Turmhügel-Burgen in Frankreich entstanden sein, von wo sie sich allmählich nach Deutschland ausbreiteten (S. 78 – 81).

Auf einem künstlichen, mehr oder weniger hohen Hügel, der in der Regel von einem wasserführenden Graben umgeben ist, stand einstmals ein Turm, fast immer aus Holz, in dem der Burgherr wohnte. In den meisten Fällen waren dies Angehörige des niederen und mittleren Adels, wie er im Zuge der Ausbildung des Feudalsystems im fränkischen Reich entstanden war und sich von dort aus weiträumig durchgesetzt hatte. Motten sind also mittelalterliche Ritterburgen. Sie kommen in großer Zahl auch in den Teilen unseres Landes vor, wo es keine romantischen Burgruinen gibt.

Diese Burghügel waren der Mittelpunkt eines oft größeren Wirtschaftsbetriebes in einer Vorburg, von der gelegentlich noch Spuren im Gelände zu erkennen sind. Die Motte Faulenrost in Mecklenburg (S. 79) ist umgeben von einer mittelalterlichen Wüstung. Die Turmhügelburgen, die in den vormals slawischen Gebieten im Zuge der deutschen „Ostwanderung" entstanden, sind die direkten Vorläufer der dort bis heute dominierenden herrschaftlichen Landgüter. Sie markieren einen Wandel des Herrschaftssystems im 12. und 13. Jahrhundert, der aus der zunehmenden Bedeutung des Lehnsadels resultiert.

Motten nützen in gleicher Weise natürliche Schutzlagen aus wie die vorhergehenden Slawenburgen, entweder in Niederungen, beispielsweise im mecklenburgischen Faulenrost (S. 79) oder in Strenglin an der alten Trave in Ostholstein (S. 78) oder, wenn es solche nicht gab, auch auf steilen Berghöhen, wie auf der Ostroer Schanze bei Bautzen, auf der früher schon die Slawen gesessen hatten (S. 56).

Außer den Motten gibt es im Mittelalter nach wie vor Adelssitze, die als einfache, vergleichsweise kleine Wallburgen im Gelände erhalten blieben. Die Forkenburg im Hessischen (S. 88) dürfte zu ihnen gehören. In Süddeutschland trifft man zahlreiche derartige Adelssitze, oft in Form einer quadratischen Wallanlage, unter der Bezeichnung „Burgstall" an (S. 84 – 85, 89 – 91). Wie bei den Motten stand im Zentrum, oft auf einem Hügel, der Wohnturm des Burgherrn, und gelegentlich sind auch die Spuren einer Vorburg mit dem Wirtschaftshof im Gelände sichtbar geblieben. Viele der im Dienst des Landesherrn oder der Kirche tätigen Adelsgeschlechter sind namentlich bekannt.

Einen Sonderfall für die Ausnutzung einer vorgegebenen Situation stellt die „Baumburg" auf dem hohen Donauufer südlich der Heuneburg bei Hundersingen dar (S. 86 – 87). Einer der großen, die Landschaft weithin beherrschenden hallstattzeitlichen Grabhügel mag den adligen Grundherrn veranlaßt haben, ihn zu einem Turmhügel umzugestalten, indem er die Kuppe für den Turm planieren und einen umlaufenden Graben in die Böschung schneiden ließ. Gewiß hatte er keine Ahnung davon, welche Bedeutung der Hügel vorher hatte.

Einen natürlichen Moränenhügel in einer Talniederung bei Emmereis südlich von Kempten nutzte ein anderer Ritter für seinen „Burgstall", indem er die Hügelkuppe durch einen umlaufenden Graben um einiges wehrhafter machte (S. 89 – 91). Aber offensichtlich bestand dies feste Haus nur kurze Zeit. Das mag mit dem Niedergang der kleinen Adelsherrschaften im späten Mittelalter zusammenhängen, deren Rolle zunehmend von den geistlichen Stiften und vor allem von den Städten übernommen wurde.

Bei Leubingen, nördlich von Erfurt, wurde in dem über 8 m hohen „Fürstenhügel" aus der frühen Bronzezeit eine massive hölzerne Totenhütte ausgegraben, in welcher der „Fürst" – vielleicht ein Stammes-Herrscher – mit reichen Grabbeigaben bestattet worden war.

Die Herren der Heuneburg, einer befestigten keltischen Siedlung hoch über der Donau bei Hundersingen, wurden in besonders großen Grabhügeln in der Nähe beigesetzt.

Der Magdalenenberg bei Villingen im Vorland des Schwarzwaldes ist mit einem Volumen von 46.000 Kubikmetern mit Abstand der größte der hallstattzeitlichen keltischen Fürstengrabhügel. Der in einer aus schweren Eichenbohlen gefügten Grabkammer mit reichen Beigaben beigesetzte „Fürst" war im Jahre 577 v. Chr. Geb. verstorben, wie die Jahrring-Datierung der Grabkammer ergab. Zahlreiche, wohl prominente Mitglieder der fürstlichen Familie und des Stammes fanden ihre letzte Ruhestätte auch im Magdalenenberg.

Der Ringwall bei Below an der Tollense in Mecklenburg war Mittelpunkt eines slawischen Kleinstammes und Sitz seines Oberhaupts. Der Fluß wurde in slawischer Manier für den Schutz der Burg geschickt ausgenutzt.

In der slawischen sagenumwobenen Herthaburg, gelegen am Herthasee auf Rügen, westlich der Stubbenkammer, hat man den heiligen Hain vermutet, in welchem nach dem Bericht des Tacitus die Hertha oder Nerthus von den Germanen verehrt wurde.

Abbildung oben: Noch heute beeindruckt die Befestigung der Mecklenburg. Bei Ausgrabungen wurden sieben Bauphasen festgestellt, in denen vom 7. bis zum 13. Jahrhundert der Wall erneuert und erhöht wurde. Die Vorderfront der Holz-Erde-Konstruktion bestand jeweils aus einer steilen Sodenpackung.

Abbildung unten: Der slawische Burgwall von Penzlin in Mecklenburg wurde nach der deutschen Ostausbreitung noch einmal als Festung genutzt.

Bei Dorf Mecklenburg südlich von Wismar liegt auf einem schmalen Sandhorst in einer ausgedehnten Niederung ein mächtiger Ringwall mit einem Ausmaß von 140 x 150 m. Hier befand sich 6 Jahrhunderte lang die Residenz der obotritischen und späteren mecklenburgischen Fürsten.

Bei Strenglin an der Alten Trave im Ostholsteinischen liegt eine der zahlreichen hochmittelalterlichen Ritterburgen, die als Turmhügel, auch Motten genannt, erhalten sind. Auf dem von einem Wassergraben umgebenen, hier recht flachen, künstlichen Hügel stand ein Holzturm als Wohnung des Burgherrn.

Die von einem Wall umgebene mittelalterliche Turmhügelburg Faulenrost nahe dem Malchiner See in Mecklenburg wurde ursprünglich zusätzlich durch einen in den Burggraben eingeleiteten Flußarm der Peene geschützt.

Während die Motten üblicherweise lediglich einen Turm aus Holz trugen, steht auf dem von einem hohen Wallsystem umgebenen Burghügel von Stolpe, nahe der polnischen Grenze bei Angermünde im Brandenburgischen, ein mächtiger gemauerter Rundturm, wohl etwas jüngeren Datums, genannt „Grützpott“, wodurch die Wehrhaftigkeit der Gesamtanlage besonders augenscheinlich wird.

Die hoch auf den Felsen der Sächsischen Schweiz gelegene mittelalterliche Burg Neurathen nutzte geschickt eine von der Natur vorgegebene Festungsanlage. Sie ist nur über eine 76 m lange Brücke zu erreichen. Nach einer gründlichen Restaurierung sind die einzelnen Räume und Höfe sowie der Wehrgang und der Platz der „Steinschleuder" heute wieder zugänglich.

Der mittelalterliche Burgstall von Dischingen westlich Heidenheim, ein Adelssitz auf der Schwäbischen Alb

Einer der größten zur hallstattzeitlichen Heuneburg bei Hundersingen gehörigen Grabhügel wurde im hohen Mittelalter zu einer Turmhügelburg, der „Baumburg“ umgestaltet.

Von der Forkenburg bei Wehren, nördlich Fritzlar in Hessen, sind zwar keine datierenden Funde bekannt. Nach ihrer Lage und der Art der Befestigung dürfte es sich am ehesten um einen herrschaftlichen Hof aus dem Mittelalter handeln.

Der auf einer flachen Moränenkuppe in der Niederung angelegte mittelalterliche Burgstall bei Emmereis südlich von Kempten im Allgäu diente offenbar nur eine kurze Zeit als Sitz eines adeligen Herrn. Er wohnte in einem 11 x 3,5 m großen Gebäude, dessen Spuren auf der künstlich versteilten Kuppe inmitten des Viereckwalles festgestellt wurden.

Der Burgstall von Emmereis südlich von Kempten im Allgäu.

Anfänge von „Zivilisation“

Es dürfte kaum möglich sein, genau festzulegen, was unter „Zivilisation“ eigentlich zu verstehen ist. Ein älteres Konversationslexikon beschreibt Civilisation als „denjenigen Zustand der menschlichen Gesellschaft, in welchem sie den Zustand der Barbarei überwunden hat und zu einem geordneten bürgerlichen Zusammenleben vorgeschritten ist“. Sicherlich gehört also Urbanität dazu, Leben in Städten, das zwangsläufig verbunden ist mit mehr oder minder komplizierten administrativen, gesellschaftlichen und wirtschaftlichen Strukturen. Auch weiträumig gleichartige oder zumindest ähnliche Verhältnisse dürften zu den Merkmalen von Zivilisation zählen, welche die vielfältigsten Erscheinungsweisen von Kommunikation ermöglichen, darunter nicht zuletzt auch Verkehrsverbindungen und Handelswege.

Es waren die Kelten im süddeutschen Raum, die erstmals im letzten vorchristlichen Jahrhundert hierzulande ausgedehnte und stark befestigte stadtartige Siedlungen bauten, die in Anlehnung an die Schilderungen in Caesars Gallischem Krieg als „Oppida“

Der Hunnenring von Otzenhausen bei Nonnweiler im Saarland, ein spätkeltisches Oppidum, wie derartige stadtartige Siedlungen genannt werden, war von einer starken Befestigungsmauer umgeben. Von ihr ist ein eindrucksvoller Wall aus Steinen übrig geblieben.

bezeichnet werden. Sicher spielten dabei die städtischen Zentren im Mittelmeerraum, mit denen die keltischen Fürsten in Kontakt standen, als Vorbilder eine wesentliche Rolle.

Was eine Stadt charakterisiert, ist vor allem ihre Zentralfunktion für das Umland, und diese ist bei den Untersuchungen mehrerer Oppida klar erkennbar. Nicht nur, daß hier Konzentrationen von Handwerkern aller möglicher Branchen, teilweise in besonderen Stadtquartieren, festgestellt werden konnten, der Nachweis von Münzprägungen in verschiedenen Oppida belegt auch ihre administrative Rolle und vor allem ihre wirtschaftliche und wohl auch politische Bedeutung.

Was von diesen Städten bis heute sichtbar übrig geblieben ist, besonders wenn sie Höhenlagen im Gebirge ausgenutzt haben, sind nur noch die zum Teil gewaltigen Befestigungen: kilometerlange, großzügig geführte, das Gelände raffiniert ausnützende Fortifikationslinien, die mancherorts als hohe Steinwälle unübersehbar sind (S. 93, 96). Es sind Ruinen von Mauern in einer kombinierten Holz-Stein-Konstruktion, dem sogenannten „murus Gallicus" (S. 97).

Das letzte Jahrhundert vor Christi Geburt, die Zeit der Oppida, scheint eine recht unsichere Zeit gewesen zu sein. Jedenfalls suchte man gern besonders gut zu schützende Plätze zum Bau eines Oppidums aus. So liegt der „Heidengraben" (S. 98) auf einem Bergvorsprung vor der Schwäbischen Alb. An der schmalen Verbindungsstelle wurde das Oppidum durch einen tiefen Graben mit Wall und Tor abgeschnitten und zu einer schwer ersteigbaren Festung gemacht.

Ganz anders ist das Schicksal der Städte verlaufen, die bald nach dem Ende der Keltenzeit von den Römern in den von ihnen beherrschten Landstrichen begründet wurden. Ihre Spuren in der Landschaft zu finden, gelingt nur ausnahmsweise. In aller Regel sind sie bis heute Städte geblieben, und man muß die Reste aus der Römerzeit ausgraben.

In der freien Landschaft können wir aber die indirekten Spuren der urbanen römischen Zivilisation finden, vor allem von den weitreichenden Versorgungseinrichtungen. Dazu gehören die befestigten Straßen (S. 106), die dauerhaft auf gut vorbereitetem Untergrund angelegt wurden und das von Rom besetzte Land in einem ausgeklügelten Netz oft über viele Meilen geradlinig überspannten. Sie waren eine wichtige Voraussetzung für eine effiziente Verwaltung und auch für die militärische Überwachung.

Zu den großartigen Ingenieurleistungen in den römischen Provinzen gehört auch die Wasserversorgung der Städte. In die „Colonia Claudia Ara Agrippinensium" – heute schlicht Köln genannt – liefen täglich etwa 20 Millionen Liter gutes Wasser aus der Eifel, umgerechnet pro Kopf der Bevölkerung ein erhebliches Vielfaches der heute verbrauchten Menge. Dafür wurde eine 95 km lange Leitung gebaut. Mit mehreren Zubringern war das ganze System 130 km lang, eines der umfangreichten im ganzen Imperium. Die Eifelwasserleitung war in ganzer Länge als reine Gefälleleitung konzipiert. Das erforderte eine Höchstleistung von den Vermessungs- und Bauingenieuren, zumal eine Wasserscheide und mehrere Täler zu überqueren oder zu umfahren waren. Heute kann man die erhaltenen Spuren dieses Bauwerks auf einem 115 km langen Wanderweg auf sich wirken lassen (S. 103.)

Außerhalb der Grenzen des Imperiums sollte es noch einige Jahrhunderte dauern, bis es im frühen Mittelalter zur Herausbildung stadtartiger Siedlungen kam. Die bekannteste von ihnen, aber bei weitem nicht die einzige, ist sicherlich Haithabu bei Schleswig. Begründet wurde dieser Handels- und Handwerkerort möglicherweise durch die Zusammenlegung kleinerer Siedlungen zu Beginn des 9. Jahrhunderts durch den Dänenkönig Göttrik, der Kaufleute von Reric nach „Sliesthorp" umziehen ließ, einen Platz, der aufgrund seiner Lage an der engsten Stelle der cimbrischen Halbinsel und im Schutz einer Nebenbucht der Schlei, dem Haddebyer Noor, für weitreichende Beziehungen in allen Richtungen geradezu prädestiniert war.

Der halbkreisförmige Erdwall, der ein Areal von 24 Hektar umgrenzt, entstand erst wesentlich später als die Siedlung (S. 105). Er wird ergänzt durch eine Palisade, die bei Tauchaktionen im Noor entdeckt wurde und die einen Hafenbezirk abschloß, aus dem Teile eines Wikingerschiffes geborgen werden konnten.

Die Lage von Haithabu an einer besonders geschützten Stelle, soweit wie möglich vom offenen Meer entfernt und doch für Schiffe erreichbar, ist für die frühmittelalterlichen Seehandelsorte typisch. Sie hängt sicherlich nicht nur mit einem offensichtlichen Schutzbedürfnis gegen jederzeit zu erwartende Überfälle zusammen, sondern gewiß auch mit möglichst guten Anschlüssen an die bestehenden Verkehrswege über Land. Daher haben vergleichbare Plätze eine entsprechende Lage, wie der slawische Marktort Scarzin bei Parchim in der Niederung der Elde in Mecklenburg (S. 104) im Verlauf des wichtigen Handelsweges von Magdeburg zur Ostsee.

Die wichtigen Verkehrsverbindungen über Land sind zum guten Teil viel älter und haben ihre Bedeutung weit länger behalten als die ziemlich kurzlebigen frühmittelalterlichen Seehandelsplätze. So geht der Ochsenweg (S. 107), die Nord-Süd-Verbindung durch ganz Schleswig-Holstein und bis nach Nordjütland hinauf – dort Heerweg genannt (beide Bezeichnungen charakterisieren Ausschnitte aus der umfassenden Funktion dieser Straßen) – mindestens bis in die ältere Bronzezeit zurück, wie aus Grabhügeln ersichtlich wird, die neben ihm aufgereiht erhalten sind.

Solche überregionalen und auch die örtlichen Wege waren zumeist einfache unbefestigte Pisten. Vielfach kann man sie im Gelände noch in Form von Bündeln sich vielfach verzweigender und wieder zusammenlaufender, flach ausgefahrener Rinnen erkennen. Manchmal ist es schwierig, sie von Hochackersystemen zu unterscheiden. Vor allem unter Wald haben sie sich oft ziemlich deutlich sichtbar erhalten (S. 110, 111).

Da diese Wege nicht befestigt waren wie seinerzeit die römischen Straßen, fuhr man auf den Radspuren der Vorgänger entlang. Waren diese zu grundlos geworden, suchte man sich nebenan eine neue Fahrmöglichkeit. Wenn man ein so entstandenes Wegebündel, das bis zu 100 m breit werden kann, näher untersucht, etwa mit einem quer hindurchgelegten Schnitt, erkennt man im Profil eine Unzahl von Radgleisen nebeneinander, aus denen deutlich wird, wie lange und wie oft hier die Wagen entlang gefahren sein müssen. Wo der Weg einen Abhang zu überwinden hatte, sind solche Wegespuren oftmals zu tief eingeschnittenen Hohlwegen geworden, weil die Erosion hier den von Rädern und Hufen gelockerten Boden besonders leicht auswaschen konnte.

Wo es allerdings darauf ankam, unwegsame Strecken zu überwinden, zeigt sich gelegentlich auch das Geschick einheimischer Wegebauer. So ging es beispielsweise im 2. vorchristlichen Jahrhundert darum, eine Straßenverbindung von über 3 km Länge durch das Witte Moor im Oldenburgischen zu schaffen, um das auf der hohen Geest bei Hude abgebaute Raseneisenerz auf einem inzwischen verlandeten Zufluß der Hunte verschiffen zu können.

Es wurde ein „Bohlenweg" gebaut, dessen Holz sich im Moor bis heute erhalten konnte. Eichenspaltbohlen wurden dicht an dicht nebeneinander quer zur Fahrtrichtung verlegt und an den Enden durch Pflöcke in ihrer Lage gehalten. Die knapp 3 m breite Fahrbahn wurde schließlich mit Gras- und Heidesoden sorgfältig abgedeckt, um die Holzkonstruktion vor Verschleiß zu schützen (S. 106).

Wie eng zu jener Zeit die praktischen Erfordernisse des Alltags mit religiösen Vorstellungen verbunden waren, wird an einer Stelle deutlich, wo der Bohlenweg einen verlandeten Bachlauf mit wenig tragfähigem Untergrund überqueren mußte. Hier war offenbar der Schutz höherer Mächte vonnöten. Daher wurden zu beiden Seiten des Weges zwei Kultfiguren aufgestellt, die aus Eichenbohlen ausgeschnitten, ein männliches und ein weibliches Idol, vielleicht ein Götterpaar darstellen.

Der überregionale Verkehr, vor allem der Transport von Lasten, fand im Binnenland nicht nur auf dem Landwege statt. Wo immer es möglich war, nutzte man auch die vorhandenen Wasserwege aus. Ein Handicap dabei war durch die natürliche Trennung der Einzugsgebiete der Flußsysteme vorgegeben. Sicher war schon früh der Wunsch entstanden, diese Trennung zu überwinden. Karl der Große machte Ernst damit. Im Jahre 793, während seiner Kriegszüge gegen die Awaren, schien ihm eine schiffbare Verbindung zwischen Main und Donau erstrebenswert, und er ordnete an, zwischen der mittleren Altmühl und dem Quellgebiet der zum Main entwässernden Rezat einen Graben auszuheben, der bei einer Länge von etwa 5 km beide Flußsysteme, jedenfalls für kleine Schiffe befahrbar, verbinden sollte (S. 108 – 109).

Obgleich dies Unternehmen „infolge unaufhörlicher Regengüsse und der durch zuviel Feuchtigkeit naturgemäß unvollkommenen Beschaffenheit des sumpfigen Erdreichs" scheiterte – das umgebende Erdreich rutschte ständig nach –, zeugt der bis heute zum Teil noch wasserführende erhaltene Torso außer von einem imponierenden technischen Aufwand im frühen Mittelalter vor allem von einer gewaltigen Arbeitsleistung: etwa 780 000 cbm Boden wurden bewegt, natürlich ausschließlich mit Muskelkraft.

Die Ausmaße des Ste nwalls vermitteln eine Ahnung von dem Arbeitsaufwand für den Bau der Befestigung des Hunnenrings.

Am Oppidum Donnersberg wurde ein Teilstück der keltischen Befestigungsmauer als „murus Gallicus“ wieder aufgebaut. Da die ursprünglichen Holzbalken längst vergangen sind, findet man heute nach dem Abräumen des darüber liegenden Schutts eine „Pfostenschlitzmauer“ vor.

Mit einer Grundfläche von 1662 Hektar ist das Oppidum „Heidengraben" bei Grabenstetten auf dem Rand der Schwäbischen Alb östlich Reutlingen das größte in Deutschland. Es liegt auf einem halbinselartigen Vorsprung der Hochfläche, die nur an einer 350 m breiten Stelle mit dem Albkörper verbunden ist.

Ob das flache Gipfelplateau des Ipf bei Bopfingen vor der Schwäbischen Alb zu den spätkeltischen Oppida gerechnet werden kann, ist nicht ganz sicher. Schon während der spätbronzezeitlichen Urnenfelderkultur und vor allem in der jüngeren Hallstattzeit war es zum Schutz von Ansiedlungen befestigt worden. Die vielfältigen Wallanlagen sind daher nur schwer den verschiedenen Bauphasen zuzuordnen.

Um 200 m überragt der Ipf seine Umgebung mit schwer zugänglichen steilen Hängen. Die 150 x 180 m große Hochfläche ist rings von einem Wall mit Graben umzogen. Zusätzlich wurde die flacher abfallende Ostseite mit weiteren Sperrwällen gesichert.

Vom Gipfelplateau des Ipf aus gesehen erscheinen die Vorwälle des Osthangs als flache Bodenwellen. Ursprünglich waren es mächtige, steil aufragende Holz-Erde-Konstruktionen.

Von Kaiseraugst bei Basel, auf der Schweizer Seite des Hochrheins, führte in der Römerzeit eine steinerne Bogenbrücke über den Rhein, deren Pfeiler noch lange zu sehen waren. Am Nordufer bei Wyhlen wurde der Brückenkopf im 4. Jahrhundert durch eine kleine Befestigung mit sechs Türmen gesichert.

Abbildung oben: Die „Römersteine" sind die Reste der Brückenpfeiler des Aquädukts über das Zaybachtal, eines Teils der römischen Wasserleitung nach Mainz.

Abbildung unten: Um ein Tal im Zuge der Wasserleitung von der Eifel nach Köln bei Mechernich-Vussem zu überbrücken, bauten die Römer ein 80 m langes Aquädukt mit 10 bis 12 Pfeilern, von dem ein Teil nach der Ausgrabung wieder-aufgebaut wurde.

Scarzin ist der aus dem Mittelalter überlieferte Name eines erst 1974 wiederentdeckten slawischen Marktortes an der Elde bei Parchim in Mecklenburg, gelegen am Weg von Magdeburg in das Gebiet der Obodriten. Ein abzweigender Weg führte über eine 240 m lange Brücke über die Niederung nach Westen. Sie bestand aus schräg eingeschlagenen Pfählen, die auf Querbalken und Unterzügen eine 4 m breite Fahrbahn trugen. Der Ort selbst war durch eine materialaufwendige Holz-Erde-Befestigung gesichert, die in Resten hier noch zu sehen ist.

Von dem bedeutenden frühmittelalterlichen Handelsort Haithabu mit seinen weitreichenden Handelsverbindungen, Vorläufer des nahegelegenen heutigen Schleswig, ist im Gelände lediglich der zum Haddebyer Noor offene halbkreisförmige Wall zu sehen. Dafür kann man aber im neuen Museum gleich nebenan alles Wissenswerte über die Ergebnisse der langjährigen Forschungen erfahren.

Abbildung oben: Unwegsame Strecken, vor allem zur Überquerung von Mooren, wurden durch Bohlenwege bewältigt. Ein solcher wurde originalgetreu im „Witte Moor" bei Hude im Oldenburgischen nachgebaut. Dabei fehlen auch die beiden Kultfiguren an beiden Seiten nicht, die an einem problematischen Bachübergang den Reisenden Schutz bieten sollten.

Abbildung unten: Zu den zivilisatorischen Leistungen der Römer gehört ein ganzes Netz sorgfältig geplanter Straßen, mit massivem Untergrund und fester Decke, dessen Trassen zum Teil bis heute im Verkehrsnetz genutzt werden. Bei Bacharach unterhalb von Bingen am Rhein ist ein Stück der Römerstraße im Originalzustand zu besichtigen.

Bis zum Bau der Eisenbahn war der „Ochsenweg", auf dem natürlich nicht nur Rinderherden nach Hamburg und Niedersachsen getrieben wurden, die wichtigste Verkehrverbindung überhaupt durch ganz Schleswig-Holstein. Er findet seine Fortsetzung im dänischen Jütland bis hinauf nach Aalborg. Neben dem Weg aufgereihte bronzezeitliche Grabhügel bezeugen das mehrtausendjährige Alter des Ochsenweges.

Noch heute steht ein Teil des 30 m breiten Karlsgrabens bei Treuchtlingen an der Altmühl voll Wasser. Die „Fossa carolina" ist ein früher Vorläufer des Main-Donau-Kanals. Im Jahre 793 hatte Karl der Große versucht, eine schiffbare Nord-Süd-Verbindung zwischen diesen beiden Flußsystemen herzustellen. Der Kanal ist aber bis heute ein Torso geblieben.

Die Erdwälle vom Aushub beiderseits der 5 km langen Trasse des Karlsgrabens vermitteln eine Ahnung von der menschlichen Arbeitsleistung, die ohne technische Hilfsmittel bewältigt wurde und die am Ende erfolglos blieb.

Beim westfälischen Attendorn nordwestlich von Siegen zeugen tief eingefahrene Wegerinnen unter Wald von einem längst verlassenen Verkehrsweg. Die oft jahrtausendealten Wegetrassen sind vielfach durch das moderne Verkehrsnetz überflüssig geworden.

Abbildung oben: Wegezölle wurden an vielen Stellen erhoben. Auch an den Attendorner Hohlwegen gab es eine Zollsperre in Form eines quer zum Weg angelegten Walles mit einem engen Durchlaß.

Abbildung unten: Grenz- und Wegemarkierungen mit Kreuzsteinen säumten die alten Verkehrswege. Um sie nicht verschwinden zu lassen, sind einige neben der noch bei Bühren südwestlich von Göttingen zusammengetragen worden.

Bodenschätze und frühe Produktionsstätten

Was der Mensch zum Leben braucht, entnimmt er, wie jedes andere Lebewesen auch, der ihn umgebenden Natur. Zumindest die lebendige Natur hat sich darauf von Beginn an eingestellt. Sie produziert nach, solange sie intakt bleibt, also nicht überbelastet oder gar vergiftet wird. Dies hat der Mensch allerdings bereits in zunehmendem Maße getan, mit dem Ergebnis der nahezu völligen Verwandlung der natürlichen Vegetation in eine Kulturlandschaft.

Mit dem nicht organischen Naturprodukten ist das anders. Die mineralischen Rohstoffe, Steine, Erze und andere Bodenschätze, wachsen in der Regel nicht unbegrenzt nach. Ihre Entnahme aus den natürlichen Lagerstätten hat in jedem Fall deren irreversible Beschädigung zur Folge. Diese ist in vielen Fällen kaum von Bedeutung, sie kann aber unter bestimmten Umständen, wie wir aus gegenwärtigen Erfahrungen

Die viel besuchte und immer wieder in Bildern dargestellte Steilküste von Rügen besteht aus Kreidefelsen, in denen Flintknollen eingebettet sind, ein hervorragendes Rohmaterial für die Herstellung stein- und bronzezeitlicher Feuersteingeräte.

wissen, unübersehbare Folgen für die Lebensbedingungen des Menschen haben. Das war in einigen Fällen auch in längst vergangenen Zeiten so.

Der älteste, von Menschen genutzte mineralische Rohstoff ist der Stein, vor allem solche Arten, die zur Herstellung und Benutzung von Werkzeugen geeignet waren. Darunter nimmt der Flint, der Feuerstein, eine besondere Rolle ein wegen seiner Härte und der Schärfe seiner Bruchkanten. Er verhält sich darin wie Glas, dem er auch chemisch als Siliziumdioxyd entspricht. Flint kann man zwar in den Gebieten, die von den skandinavischen Vereisungen der Kaltzeiten betroffen waren, an vielen Stellen an der Oberfläche auflesen. Aber dies Material läßt sich nicht so gezielt bearbeiten wie „bergfrischer" Feuerstein. Dieser kommt in Form unregelmäßig geformter Knollen oder Platten in bestimmten Schichten kreidezeitlicher Meeresablagerungen vor, aus denen er spätestens in der jüngeren Steinzeit bergmännisch mit Schächten und Stollen abgebaut wurde.

Wo solche flintführenden Schichten frei zugänglich sind, etwa an den Kreidefelsen der Steilküste von Rügen (S. 116), wird man ihn sicher im Tagebau, in einer Art Steinbruch gewonnen haben. Spuren davon sind allerdings durch den natürlichen Abbruch der Steilküste längst verwischt.

Daß Stein gebrochen wurde, um ihn als Baumaterial zu verwenden, ist in frühen Zeiten nur in Ausnahmefällen zu erwarten, etwa für Megalithgräber oder Menhire in findlingslosen Gebieten (S. 14). Bis in das Mittelalter hinein wurde vor allem Holz als Baumaterial verwendet, dies allerdings in ganz erheblichen Mengen. Kürzlich wurden auf einer Fachtagung über Waldnutzung in vor- und frühgeschichtlicher Zeit die Größenordnungen des Holzeinschlags beispielsweise für Befestigungswerke deutlich gemacht. Daraus ergab sich fast zwingend die Konsequenz, daß man mit irgendeiner Form gezielter Bewirtschaftung des Waldes spätestens seit der jüngeren Bronzezeit und damit auch mit der Umwandlung des natürlichen in einen „Kulturwald" rechnen muß.

Erst die Römer benötigten Bruchsteine in größeren Mengen zum Bau und für Straßenbeläge. Die von ihnen ausgebeuteten Steinbrüche sind bis heute an der speziellen Art der Materialbehandlung zu erkennen (S.117). Die „Römersteine" auf dem Felsberg im Odenwald (S. 122 – 123) sind ein solcher Platz. Der hier anstehende Granit wurde im 4. Jahrhundert, zur Zeit Kaiser Konstantins, gebrochen und weitgehend auch an Ort und Stelle verarbeitet, um beim Bau der Vorhalle des Domes in Trier verwendet zu werden. Keillöcher zum Aufspalten der Blöcke und Sägeschnitte zeugen von der mühevollen Arbeit der Steinhauer, zu deren Arbeit manchmal auch die Fertigstellung der großen Bauteile, etwa von Säulen aus einem Stück, gehörte, um damit den Transport der tonnenschweren Lasten zur weit entfernten Baustelle zu erleichtern. Die noch im Bereich des Steinbruchs liegende über 9 m lange „Riesensäule" wiegt immerhin gut 27 Tonnen. Außerdem läßt sich der bruchfrische Stein besser bearbeiten.

Salz ist ein anderer begehrter mineralischer Rohstoff. Wie wichtig es im menschlichen Leben immer gewesen ist, zeigen viele Ortsnamen wie Halle (vom griechischen halos = Salz), Reichenhall, Schwäbisch Hall usw. Eine wichtige Verkehrsverbindung, die „Salzstraße", von der Salzstadt Lüneburg zum Hafen Lübeck bezeugt die Notwendigkeit des Handels und Transports von Salz über große Entfernungen. Salzbergbau und Salzsiederei wurden an vielen Orten betrieben.

Auch im norddeutschen Flachland versuchte man Salz zu gewinnen. Im nordfriesischen Watt zwischen den Halligen sind die Spuren dieser mühsamen Arbeit noch heute zu sehen. Bei Niedrigwasser liegen weite Flächen trocken, auf denen im Mittelalter „Salztorf" abgebaut wurde (S.126 – 127).

Wie war dieser salzhaltige Torf entstanden? Die heutigen Watten Nordfrieslands waren einst Teil des Schleswig-Holsteinischen Festlandes. Mit der allmählichen Transgression der Nordsee vernäßten die tiefer gelegenen Flächen, und es kam zur Torfbildung. Im Fortschreiten der Transgression überschwemmte die See immer häufiger die Moore und durchtränkte den Torf mit Salz. Dann lagerte das Meer bei jeder Flut ein wenig Marschenboden darüber ab. Nun konnten hier wieder Menschen leben, wegen der fortwährenden Überschwemmungsgefahr natürlich auf Wurten.

In harter Arbeit gewannen sie das Salz aus dem Torf. Ein Graben wurde ausgehoben und der gewonnene Torf verbrannt, um das Salz aus der Asche auslaugen zu können. In den Graben wurde der Marschenklei des benachbarten Streifens gekippt, um an den darunter liegenden Torf heran zu kommen. So ging es weiter, und auf diese Weise entstand die Streifenstruktur der Abbauflächen.

Aber die Landoberfläche wurde dabei tiefer gelegt, und die See griff zu, selbst wenn die Abbauflächen durch kleine Deiche gesichert schienen. Irgendwann brachen sie bei einer Sturmflut, das Land geriet unter Wasser und war für immer verloren. Neben unzureichender Eindeichung gehört der Salztorfabbau zu den Ursachen großflächiger Landverluste an die See.

Als zu Beginn des zweiten vorchristlichen Jahrtausends Metalle hierzulande die Kulturentwicklung zu bereichern begannen, zunächst neben wenig Gold vor allem Kupfer und dazu dann auch Zinn für die Legierung von Bronze, muß die Prospektion und Ausbeutung von entsprechenden Erzlagerstätten ein bedeutendes Anliegen gewesen sein. Analysen früher Kupfer- und Bronzegeräte ergaben durch Spurenelemente Hinweise auf bestimmte Lagerstättenbereiche, beispielsweise in Sachsen-Anhalt östlich des Harzes. Um an das Erz heranzukommen, wird man sich alsbald bergmännisch mit Schächten und Stollen in den Untergrund vorgearbeitet haben. Eingefallene Schächte, Pingen genannt, zeugen in zahlreichen erzhaltigen Gebieten vom Bergbau der frühen Metallzeiten bis ins Mittelalter hinein (S. 130 – 132).

Wesentlich einfacher war es, an brauchbares Erz heranzukommen, nachdem gegen Ende der ersten Hälfte des letzten vorchristlichen Jahrtausends das Eisen als Werkstoff bekannt geworden war. Raseneisenerz ist zwar nicht besonders ergiebig, aber es steht unmittelbar unter dem Humusboden an vielen Stellen an, wo es durch lange andauerndes Einsickern von eisenhaltigem Wasser, etwa in der Nachbarschaft von Mooren, zur Anreicherung von Eisenhydroxyd gekommen war. Man brauchte nur eine dünne Deckschicht abzugraben (S. 118). Findige Beobachter haben an vielen Stellen derartige Abbauplätze als ganz niedrige „Kliffs" in der Landschaft gefunden.

Die Verhüttung erfolgte in der Regel an Ort und Stelle des Raseneisenvorkommens. Man erkennt diese Plätze an Schlackenhaufen, oft von beträchtlicher Größe (S. 119). Diese sind der Abfall vieler einzelner aufwendiger Verhüttungsprozesse, für die jedesmal ein neuer Rennfeuerofen gebaut werden mußte: über einer Grube ein 1 – 2 m hoher schornsteinähnlicher Aufbau aus Lehm, in den schichtweise Erz und – gleich nebenan gemeilerte – Holzkohle eingefüllt wurde. Um am Ende des Schmelzprozesses an die mit metallischen Eisenpartikeln durchsetzte „Ofensau" oder „Luppe" heranzukommen, mußte man den Ofen zerstören. Diese Art der Gewinnung von Eisen, die seit der vorchristlichen Eisenzeit bis über das Mittelalter hinaus betrieben wurde, dürfte trotz ihres Umfangs die natürliche Landschaft vergleichsweise unwesentlich beeinträchtigt haben, – wenn man vom Holzverbrauch absieht.

„Verlorenes" Land ist andernorts hingegen oft die Folge, wenn der Mensch die Landschaft ausbeutet, nicht nur heute, wie man bei jeder Kiesgrube, jedem Steinbruch oder gar den riesigen Braunkohle-Tagebauen erleben kann, sondern die anthropogene Vernichtung der natürlichen Landschaft hat schon viel früher eingesetzt. Ein deutliches Zeugnis dafür sind die umfangreichen Abraumhalden des Kupfererz-Abbaus in der Gegend von Eisleben und Sangerhausen westlich von Halle (S. 124 – 125). Selbst die kleinen hügelförmigen Abraumhalden zu Füßen der riesigen neuzeitlichen Spitzhalden sind bis heute nur wenig oder gar nicht bewachsen. Der Boden ist nachhaltig durch die Kupfersalze vergiftet.

Nach landläufiger Auffassung sollen die Kleinhalden aus dem 15. Jahrhundert stammen. Es kann aber gut sein, daß einige von ihnen sehr viel älter sind. Aus Metallanalysen ist schon länger bekannt, daß der Bergbau in dieser Landschaft bis in die frühe Bronzezeit zurück reicht. Reiche Bronzefunde in einigen nahe gelegenen Grabhügeln, etwa in Leubingen (S. 68), mögen ein Indiz dafür sein. Bei den Grasnelken, die auf den schwermetallhaltigen Halden leben können, hat sich eine besondere, nur hier vorkommende Art herausgebildet, die Armeria bottendorfensis. Es braucht zur Entstehung einer neuen Pflanzenart sicherlich mehr als nur die wenigen Jahrhunderte seit dem Ende des Mittelalters. Möglicherweise hat also der frühe Bergbau auch zur Bereicherung der örtlichen Pflanzenwelt beigetragen.

Ehemaliger Bergbau muß aber nicht immer mit derart nachhaltigen Beeinträchtigungen der Umwelt einhergehen. Oft sind seine Spuren längst vom Wald überwachsene Abraumhalden und sogenannte Pingen, verfüllte oder eingefallene Schächte in Form meist dicht beieinander liegender Vertiefungen im Gelände. Einen solchen Platz, an dem Blei- und Zinkerz abgebaut wurde, hat man bei Sachsenburg nördlich von Chemnitz untersucht (S. 131). Dabei wurden auch die Spuren der Bergmannssiedlung gefunden. Außer Belegen für Metallhandwerk verraten Funde von Spinngeräten und Kinderspielzeug, daß die Bergleute im 13. und 14. Jahrhundert mit ihren Familen hier ständig lebten.

Am besten läßt sich bergfrischer Flint zu Geräten verarbeiten. In der Kreide kommen die unregelmäßig gerundeten Flintknollen lagenweise vor. Es liegt nahe, daß in der Steinzeit hier auf Rügen Flint gewonnen wurde. Dies läßt sich aber wegen des ständig fortschreitenden Abbruchs der Steilküste heute nicht mehr nachweisen.

An den „Katzensteinen“, bis zu 15 m hohen Felswänden oberhalb Katzvey bei Mechernich in der Eifel, findet man Schrotspuren und typische enge Schrotgräben, die neben anderen Spuren antiker Steinmetztechnik auf eine Ausbeutung des Sandsteins in römischer Zeit hindeuten. Ein Teil der Quader ist hier für den Bau eines nahegelegenen Dianatempels gebrochen worden, vielleicht auch für den Aquädukt der Wasserleitung nach Köln (S. 103).

Abbildung oben und unten: Raseneisenerz als Rohstoff für die Gewinnung von Eisen findet sich an vielen Stellen, wie hier in ungewöhnlicher Mächtigkeit bei Bütjebüll in Nordfriesland. Er liegt unmittelbar unter dem Humusboden und kann daher leicht abgebaut werden, ohne die Landschaft zu schädigen. Das Erz besteht aus einer durch Einsickern von eisenhaltigem Wasser mit Eisenhydroxyd angereicherten Bodenschicht.

Die Verhüttung von Raseneisenerz in kleinen Rennfeueröfen erfolgte oft unmittelbar bei den Lagerstätten. Da die Öfen zur Entnahme der eisenhaltigen „Luppe“ zerstört werden mußten, blieben als sichtbare Spuren zahlreicher Verhüttungsprozesse nur Haufen von Schlacken übrig: hier bei Süderschmedeby südlich von Flensburg.

Das römische Bleibergwerk bei Mechernich in der Eifel – einer der Stolleneingänge ist noch gut erkennbar – hat bis heute eine „tote" Landschaft hinterlassen.

Die über 9 m lange „Riesensäule" im römischen Granit-Steinbruch auf dem Felsberg war offenbar wie andere halbfertig vorgefundene Bauteile für die Umgestaltung der Vorhalle des Trierer Doms bestimmt.

Auf dem Felsberg im Odenwald befand sich ein römischer Steinbruch. Neben natürlich entstandenen „Blockmeeren“ (Abb. oben) liegen dort noch heute zahlreiche halbfertige und mißlungene Werkstücke (Abb. unten). Sie zeigen Bearbeitungsspuren, wie sie für die römische Technik der Steinbearbeitung typisch sind. Große Bauteile, wie beispielsweise Säulen aus einem Stück, wurden bereits im Steinbruch weitgehend fertiggestellt, um das ohnehin beträchtliche Transportgewicht zu verringern.

Nach landläufiger Meinung stammen die kleinen Abraumhalden bei Hettstedt im Kupferbergbaugebiet von Eisleben aus dem späten Mittelalter. Es gibt aber Hinweise, daß Kupfererz hier schon in der frühen Bronzezeit abgebaut wurde. Man hat vermutet, daß die reiche Ausstattung des frühbronzezeitlichen „Fürstenhügels" von Leubingen (S.68) durch den Abbau und den Handel von Kupfer zu erklären ist.

Im Mittelalter wurde auf großen Flächen im nordfriesischen Watt, wie hier vor der Hallig Langeneß, salzhaltiger Torf abgebaut, Er wurde verbrannt, um aus der Asche das Salz zu gewinnen. Die Streifenstruktur entstand, weil der Torf aus Gräben entnommen wurde, in welche danach die deckende Kleischicht des jeweils nächsten Entnahmestreifens abgelagert wurde.

Die Spuren von Meilern zur Herstellung von Holzkohle im Siegerland machen darauf aufmerksam, in welch heute kaum noch vorstellbarem Umfang ganze Wälder abgeholzt wurden, um den Energiebedarf nicht nur für Heizung und für die Verhüttung von Erzen zu decken, bevor dafür die mineralischen Energiequellen, vor allem Steinkohle, zur Verfügung standen. In der Lüneburger Heide mußte der Holzeinschlag für die Lüneburger Salzsiederei von der Obrigkeit eingeschränkt werden, um die totale Verheidung in Grenzen zu halten, und der Harz war zufolge der Erzverhüttung lange ein kahles Gebirge.

Dicht beieinander liegende Pingen und Abraumhalden auf dem Treppenhauer bei Sachsenburg nördlich von Chemnitz in Sachsen belegen mittelalterlichen Bergbau auf Blei und Silber. Bei den Ausgrabungen wurden auch die Unterkünfte der Bergleute gefunden.

Abbildung oben und unten: Spuren frühen Bergbaus haben in der Umgebung von Mechernich in der Eifel an vielen Stellen die Landschaft verändert. Verschüttete kleine Schächte, sogenannte Pingen, deuten in Gruppen beieinander liegend ebenso auf den Abbau von Bodenschätzen hin wie über alten Stollen abgesackte Geländestreifen.

„Flachsrösten“ heißen solche wassergefüllten Gruben, in die der gebündelte Flachs nach der Ernte eine Zeitlang versenkt wurde. Das „Rösten“ hat nichts mit Hitze und Feuer zu tun, sondern meint das „Rotten“, das Faulen, wobei sich die spinnbare Faser vom holzigen Kern des Stengels löst. Oft in großer Zahl beieinander liegende Flachsrösten im Niederrheingebiet sind Spuren traditioneller gewerblicher Textilbetriebe.

Für Götter und übernatürliche Kräfte

„Was man nicht erklären kann, das spricht man schnell als kultisch an". Diese selbstkritisch-sarkastische Redewendung aus meiner Studentenzeit enthält eine Wahrheit, die wir ernst nehmen müssen, nämlich daß wir oft Schwierigkeiten haben zu „erklären", warum Menschen in früheren Zeiten etwas gemacht und davon Spuren hinterlassen haben, das sich unserem unmittelbaren Verständnis entzieht.

Alle Deutungen archäologischer Befunde gehen zwangsläufig von unserer modernen Denkweise aus. Und darin liegt das Problem. Es fällt uns schwer zu begreifen, daß Menschen zu anderen Zeiten und an fremden Orten möglicherweise völlig anders denken, empfinden und werten als wir selbst. Das erschwert uns den Zugang zu denjenigen Phänomenen, die nicht einfach aus dem normalen täglichen Leben zu verstehen sind.

Bei aller Unsicherheit dürfen wir aber davon ausgehen, daß bestimmte Erscheinungen einen engen Zusammengang mit religiösen Vorstellungen haben. Dazu gehören unter anderem Funde, die eindeutig als

Ein künstlicher Wall an der zugänglichen Nordseite einer der Helfensteine bei Kassel deutet darauf hin, daß dieser natürliche Basaltfelsen einmal eine besondere, sicherlich kultische Bedeutung hatte. Wahrscheinlich wurde er als ein Natur-Heiligtum verehrt.

Opfer zu erkennen sind, sowie Anlagen und Bauten, die offenkundig nicht einem alltäglichen Zweck dienten und bei denen es Indizien dafür gibt, daß es sich um sakrale Anlagen oder Tempel handelt. Aber auch derartig deutliche religiöse Erscheinungen können wir nur als solche zur Kenntnis nehmen. Welche Glaubensvorstellungen sich dahinter verbergen, bleibt uns in aller Regel verborgen.

Wenn beispielsweise in einer von Menschen der älteren Steinzeit als Behausung genutzten Höhle menschliche Schädel gleich in ganzen Gruppen dicht beieinander gefunden wurden, wie in der Ofnet-Höhle bei Holheim im Nördlinger Ries (S. 138), dann wird man kaum von Bestattungen im üblichen Sinne sprechen können, sondern man wird dahinter irgendwelche kultischen Absichten vermuten, aber welche? – Hier hat man nur die Köpfe von Verstorbenen, Männern Frauen und Kindern, zum Teil mit ihrem Schmuck aus durchlochten Hirschzähnen und Muscheln, in zwei flachen Gruben mit Ocker und Asche niedergelegt, alle mit dem Gesicht nach Westen, zum Eingang der Höhle gewendet. Da fast sämtliche Unterkiefer und zum Teil auch die obersten Halswirbel vorhanden waren, muß man die vollständigen Köpfe hier „bestattet“ haben. Von Anthropophagie, Menschenfresserei also, kann dabei keine Rede sein. Allerdings waren alte Schnittspuren und Verletzungen durch Hiebe erkennbar. Und was hat man mit den Körpern gemacht, von denen nichts gefunden wurde? – Seit der Ausgrabung der Höhle in den Jahren 1875/76 konnte das Rätsel bis heute nicht gelöst werden. Sicher scheint nur, daß sie damals ein Ort von besonderer ritueller Bedeutung war, und sicher ist auch, daß dabei Menschen im Mittelpunkt von kultischen Handlungen standen. Sind sie vielleicht geopfert worden?

Derartiges wäre durchaus kein Einzelfall, und es ist auch nicht auf die früheste Vergangenheit beschränkt: Auf Menschenopfer deuten z. B. die Funde hin, die bei Grabungen in einem von einem hohen Wall aus der frühen Eisenzeit umgebenen Areal bei Lossow am Hochufer der Oder in der Nähe von Frankfurt zutage kamen (S. 142). In zahlreichen, bis zu 8 m tiefen runden Schächten wurden am Grunde mehrfach Reste von offenbar geopferten Rothirschen gefunden, aber auch von menschlichen Skeletten, an denen zu erkennen war, daß nicht die einzelnen Knochen, etwa nach einer Mahlzeit, sondern die ganzen Körper in die Schächte geworfen wurden.

Aus vielen sogenannten Naturreligionen wissen wir, daß außer Quellen und einzelnen Bäumen – man denke an die von Bonufatius gefällte „Donarseiche“ – vor allem auch große Steine als heilig verehrt wurden, seien es auffallend geformte natürliche Felsen oder lose Steine, etwa Findlinge, die zu megalithischen Anlagen zusammengefügt wurden.

Als solche „Natur-Heiligtümer“ werden die vier hohen Felsen der Bruchhauser Steine im Sauerland mit der zugehörigen Wallanlage (S. 139, 141) oder die Helfensteine im Gebiet des Dörnberg westlich von Kassel angesehen (S. 135). Hier wurde ein großer Basaltblock mit plateauartiger Oberfläche an der zugänglichen Nordseite von einem Wall umgeben. Auch bei Grünenbach im Schwäbischen gibt es eine in diesem Fall quadratische Umwallung, die nicht, wie es auf den ersten Blick scheinen könnte, ein mittelalterlicher Burgstall war. Da in ihr kein Wohnturm, sondern ein großer Nagelfluhblock liegt, dürfte der „Stein“ auch zu den Felsen-Heiligtümern zu zählen sein (S. 147). Gefäßscherben und Tierknochen in derartigen Anlagen mögen Überreste kultischer Handlungen sein, vielleicht von rituellen Mahlzeiten oder Opfergaben.

Findlinge und andere bewegliche große Steine haben offensichtlich im religiösen Leben vor allem in der jüngeren Steinzeit, aber auch später noch eine bedeutende Rolle gespielt. Das zeigen Findlinge unterschiedlichster Größe mit künstlichen schälchenförmigen Eintiefungen und symboischen Zeichen, die sogenannten Schalensteine (S. 143). Auch die Megalithgräber und andere Anlagen aus aufgerichteten Steinen, wie die kilometerlangen Steinreihen der Bretagne oder Stonehenge in England, sind eindeutige Hinweise auf die sakrale Bedeutung großer Steine.

Auch einzelne von Menschenhand aufgerichtete, meist säulenähnliche Steine muß man im gleichen Zusammenhang sehen. Nach einem bretonischen Wort werden sie als Menhire (= lange Steine) bezeichnet (S. 144 – 146). Über ihre Bedeutung können wir heute nur spekulieren. So hat man in ihnen unter anderem Seelenthrone, Opfersteine, Phallusdarstellungen und auch astronomische „Zeiger“ sehen wollen. In jedem Fall sind sie als bewußt dauerhaft gedachte Monumente von Glaubensvorstellungen errichtet worden, die uns immer unbekannt bleiben werden. Gelegentlich bekamen sie viel später eine andere Bedeutung, etwa als Gerichtssteine (S. 64) oder als Standort eines Heiligenbildes (S. 145).

Kreise haben wohl oft etwas mit übernatürlichen Kräften zu tun. Immer wieder treten sie uns bei archäologischen Denkmalen entgegen, meist aus Steinen gesetzt, sei es als Einfassungen von Steingräbern und Grabhügeln oder als frei stehende Steinkreise. Am bekanntesten ist sicherlich das Kreisheiligtum von Stonehenge in England. Eine vergleichbare Anlage, allerdings aus Holz, gab es schon früher in der jüngeren Steinzeit auf der Schalkenburg, einer tafelbergartigen Anhöhe bei Quenstedt am Ostharz (S. 148 – 149). Fünf konzentrische Kreise wurden durch eine Art Palisaden gebildet, der äußerste mit fast 100 m Durchmesser. An drei Stellen führten von außen Durchlässe in das Zentrum. Es liegt nahe, diese immerhin rund 6000 Jahre alte Anlage wie auch die viel jüngere von Stonehenge mit astronomischen Erscheinungen im Jahreslauf in Verbindung zu sehen.

Ringförmige Heiligtümer können auch viel kleiner sein, z. B. die sogenannten Trojaburgen, die natürlich nichts mit der Ilias zu tun haben. Solche aus kleineren Steinen gesetzten Spiralen oder Labyrinthe haben kaum Erhaltungschancen über eine längere Zeit, wohl aber gelegentlich damit verbundene Traditionen. So wird ein lediglich aus dem Rasen geschnittenes Labyrinth neben einem steinzeitlichen Grabhügel bis heute von der Bevölkerung immer wieder erneuert (S. 154 – 155). Wie alt diese Anlage ist, kann nicht gesagt werden. Fest steht aber, daß es derartige Trojaburgen in vorgeschichtlicher Zeit gab. Man bringt sie mit Frühlings-Ritualen in Zusammenhang.

Die einfachste Art der kreisförmigen Heiligtümer finden wir in den eisenzeitlichen, oft aus neun aufgerichteten Findlingen bestehenden Steinkreisen, von denen vier, die sogenannten „Steintänze", bei Boitin in Mecklenburg dicht beieinander liegen. (S. 156, 157). Ein weiterer wurde dicht bei dem heutigen Ferienzentrum Damp in Schleswig-Holstein zusammen mit anderen, viereckigen, sicher auch rituellen Steinsetzungen ausgegraben (S. 156).

Bemerkenswerte Kultanlagen sind die keltischen „Viereckschanzen" aus dem letzten vorchristlichen Jahrhundert in Süddeutschland (S. 150 – 151). Es hat langjähriger Forschungen bedurft, bis der Sinn dieser quadratischen Wallanlagen erkannt wurde, die man oft in militärisch ganz ungünstiger Hanglage antrifft und die man daher unter anderem als zivile Gutshöfe oder Viehpferche gedeutet hat. Erst als bei Ausgrabungen, vor allem in Holzhausen bei Wolfratshausen, in einer Ecke als einziges Gebäude ein Umgangstempel in Holzbauweise gefunden wurde und an anderen Stellen bis über 30 m tiefe Schächte, in denen immer wieder mit chemischen Methoden nachgewiesene Fleisch- und Blutopfer niedergelegt wurden, konnte das Rätsel der Viereckschanzen als gelöst angesehen werden.

Tempelbauten kennen wir hierzulande erst seit der spätkeltischen Zeit. Charakteristisch ist dabei ein um den Zentralbau herumführender Umgang. Dasselbe Prinzip des Umgangstempels ist in römischer Zeit vielfach zu finden (S. 152 – 153), und auch über die viel jüngeren Kultbauten der slawischen Stämme berichten Schriftquellen und einige Ausgrabungsbefunde von einer Zone um den Bau herum, der eine Art Umgang darstellt.

Ein solcher Tempel wurde in Groß Raden bei Sternburg in Mecklenburg auf einer durch Wall und Graben geschützen Halbinsel ausgegraben und an Ort und Stelle rekonstruiert. Auch auf dem Schloßberg von Feldberg unweit Neustrelitz fand man auf einem mit Wall und Graben gesicherten Landvorsprung die Spuren eines ähnlichen Kultgebäudes Offensichtlich bedurften solche zentralen slawischen Heiligtümer des besonderen Schutzes in einer „Tempelburg".

Der wohl bekannteste slawische Tempel lag auf der mit einem Wall befestigten Landspitze von Kap Arkona auf dem nördlichsten Zipfel von Rügen (S. 158 – 159). Burg und Tempel wurden im Jahre 1168 von den Dänen erobert und zerstört. Danach setzte die Ostsee das Zerstörungswerk fort, indem sie mehr und mehr von der hohen Steilküste abbrach. Heute ist von der Tempelburg nur noch ein Rest des Befestigungswalls übrig geblieben. Der Platz des Heiligtums selbst ist längst in der Ostsee verschwunden. Aus dem Bericht des dänischen Annalisten Saxo Grammaticus erfahren wir, daß in dem Umgangstempel das Standbild des viergesichtigen Gottes des Stammes der Ranen, Svantevit, seinen Platz hatte.

Nach der Eroberung wurde der heidnische Tempel durch eine christliche Kirche ersetzt. Nachdem im übrigen Gebiet des heutigen Deutschland das Christentum schon seit längerem Fuß gefaßt hatte, wurde nun auch der slawische Osten missioniert. Die Zeit der vielfältigen heidnischen Kultplätze war damit vorbei, – wenigstens offiziell.

Siebenundzwanzig Menschenschädel – hier durch Lichtpunkte symbolisiert – wurden in der späten Altsteinzeit in einer flachen Grube in der Ofnet-Höhle bei Nördlingen niedergelegt, und dicht daneben in einer weiteren Grube noch einmal sechs. Warum dies geschah ist bis heute ein Rätsel. Sicherlich hat es aber mit uns heute unbekannten religiösen Vorstellungen jener Zeit zu tun.

Am Südostrand des von den Felsen der Bruchhauser Steine im Sauerland gebildeten Vierecks ziehen sich hintereinander zwei Wälle mit Gräben davor entlang. Wahrscheinlich dienten sie aber nicht der Verteidigung, sondern begrenzten eine Art heiligen Bezirk, in dem man sich zur Verehrung des Naturheiligtums versammelte.

Die Bruchhauser Steine auf dem Istenberg bei Winterberg im Sauerland, vier bis 80 m hohe Felsen, sind nicht nur ein großartiges Naturdenkmal. Sie waren früher, nach Ausweis von Funden, in den Jahrhunderten vor Christi Geburt auch für die Menschen ein bedeutender Ort, vermutlich als Felsenheiligtum. Ob dabei auch das „Gesicht" an dem Felsen rechts eine Rolle gespielt hat?

Die bizarr geformten Felsen der Bruchhauser Steine haben vielleicht die religiösen Gefühle der Menschen inspiriert.

In einer umwallten Fläche bei Lossow unweit Frankfurt/Oder wurden zahlreiche, bis 8 m tiefe, runde Opferschächte festgestellt und teilweise untersucht. An ihrem Grund wurden mehrfach Überreste von Rothirschen, aber auch von menschlichen Skeletten gefunden, an denen zu erkennen war, daß die Körper unzerteilt in die Schächte geworfen wurden. Offensichtlich handelt es sich um Opfer.

Was bedeuten neben verschiedenen Symbolen die vielen kleinen ru
Eintiefungen, die auf vielen Findlingen, so auch dem Deckstein des Megalithg
von Bunsoh im westholsteinischen Dithmarschen zu finden
Vielerlei Deutungsversuche gibt für solche „Schalensteine“, von Opferschä
(die allerdings an der Seite eines Findlings wenig sinnvoll erscheinen) bis h
Vermutungen, diese Steine seien eine Art antiker Landkarten, oder sie h
infolge erhöhter Radioaktivität eine heilende Wirkung. Einigkeit herrscht hin
über ihre kultische Bedeu

…erden mit einem bretonischen Wort von Menschenhand aufgerichtete, …nige große Steine bezeichnet. Die „Dölauer Jungfrau“ steht vielleicht …ngeren Steinzeit in der Dölauer Heide bei Halle.

Der „Gollenstein“ bei Blieskastel im Saarland, ein 7 m hoher Menhir mit einer in christlicher Zeit geschaffenen Nische für ein Heiligenbild, wurde nach seiner Niederlegung im letzten Krieg im Jahr 1951 wieder zusammengefügt und aufgerichtet.

„Wetzstein" wird der Menhir von Buttelstedt nördlich Weimar im Volksmund genannt.

Als ein „Natur-Heiligtum“ dürfte ein Felsblock im Quellgebiet des Grünenbachs in Schwaben verehrt worden sein. Er wurde durch einen quadratischen Wall mit einem Graben davor umgeben. Bei Ausgrabungen kamen am Fuß des Felsens Tierknochen zutage.

Ein komplizertes kreisförmiges Heiligtum aus Holzpalisaden, das an Stonehenge erinnert, befand sich in der jüngeren Steinzeit auf der Höhe der Schalkenburg bei Quenstedt am Ostharz. Weil davon oberirdisch nichts mehr zusehen ist, hat der Fotograf versucht, die konzentrischen Pfahlkreise mit Licht nachzuzeichnen. Dabei werden auch die drei Durchlässe zum Zentrum der Anlage erkennbar.

Die „Viereckschanze" bei Buchendorf, südwestlich von München, gehört zu einer großen Zahl über ganz Süddeutschland verbreiteter ähnlicher Anlagen. Sie hatten entgegen früherer Auffassung keinerlei militärische Bedeutung. Der Wall begrenzte vielmehr einen heiligen Bezirk, in dem sich bis zu 30 m tiefe Opferschächte und wohl auch Tempel befunden haben, wie durch Ausgrabungen an mehreren Stellen erwiesen ist.

Auf dem Addig bei Pesch bei Bad Münstereifel sind die Grundmauern eines gallo-römischen Umgangstempels aus dem 4. Jahrhundert nach der Ausgrabung restauriert worden. Um die einst farbig ausgemalte Cella zog sich ein breiter Umgang, dessen Dach von Säulen getragen wurde. Der Tempel diente der Verehrung von Matronen, vermutlich Schutzpatroninnen von Personengruppen wie etwa Familienverbänden.

Ein Umgangstempel bei Nettersheim in der Eifel diente als Heiligtum der Matronae Aufaniae, wie aus den Inschriften an den Votivsteinen hervorgeht. Die Bedeutung des Beinamens dieser Muttergottheiten ist unbekannt. Verehrt wurden sie von Angehörigen der römischen Truppen, aber auch von prominenten Persönlichkeiten aus Köln.

Das in den Rasen eingeschnittene „Labyrinth" neben einem wohl steinzeitlichen Grabhügel am Ortsrand von Steigra südlich Querfurt in Sachsen-Anhalt wird bis heute regelmäßig erneuert. Sein wirkliches Alter ist unbekannt. Die Tradition solcher „Trojaburgen" geht aber bis in vorgeschichtliche Zeit zurück.

Abbildung oben: Dicht bei dem Ferienzentrum Damp an der Ostseeküste wurden neben einem Kreis aus 9 Findlingen mehrere viereckige Steinsetzungen ausgegraben. Da an dieser Stelle auch Urnenbestattungen der nachchristlichen Eisenzeit vorgenommen wurden, dürfte es sich um eine Anlage von ritueller Bedeutung handeln.

Abbildung unten und rechts: Von den nahe beieinander liegenden vier kreisförmigen sogenannten „Steintänzen" von Boitin bei Güstrow in Mecklenburg enthielt einer eine Urnenbestattung der vorchristlichen Eisenzeit. Steinkreise dieser Art werden gemeinhin als Kultplätze, von manchen auch als Grabmonumente angesehen. Der Volksmund spricht auch von Gerichtskreisen.

Nur ein kleiner Rest ist von dem hohen Wall der slawischen Tempelburg Arkona an der Nordspitze von Rügen übrig geblieben. Der größte Teil, darunter auch der Platz des von Saxo Grammaticus beschriebenen Tempels, in dem der vierköpfige Ranengott Svantevit verehrt wurde, ist in den seither vergangenen acht Jahrhunderten dem Uferabbruch zum Opfer gefallen.

Dank sagen möchte ich dem DEUTSCHEN HISTORISCHEN MUSEUM in Berlin für die Unterstützung meines aufwendigen Langzeitprojektes, das mir eine gründliche mehrmonatige Recherchenarbeit und eine erste fotografische Spurensuche ermöglichte.

Danken möchte ich allen Archäologen in den sechzehn Bundesländern von Mecklenburg-Vorpommern bis Baden-Württemberg, von Rheinland-Pfalz bis Sachsen, die mir halfen, die Spuren der Geschichte in den Landschaften zu finden, mir Archiv- und Kartenmaterial zur Verfügung stellten und mich oft tagelang auf meinen Reisen begleiteten.

Dank auch dem Creative Colour Labor in Hamburg, wo mit viel Einfühlungsvermögen die Farbvergrößerungen hergestellt wurden, die – auf großformatigen Agfacolornegativen aufgenommen – als Druckvorlage zu diesem Buch dienten.

Michael Engler

Archäologische Landesämter

BADEN-WÜRTTEMBERG
Landesdenkmalamt Baden-Württemberg, Abt. Archäologische Denkmalpflege, Silberburgstraße 193, 70178 Stuttgart

BAYERN
Bayerisches Landesamt für Denkmalpflege, Abt. für Vor- und Frühgeschichte, Hofgraben 4, 80539 München

BERLIN
Archäologisches Landesamt Berlin, Schloß Charlottenburg, Langhansbau, 14059 Berlin

BRANDENBURG
Brandenburgisches Landesmusem für Ur- und Frühgeschichte, Schloß Babelsberg, 14482 Potsdam

BREMEN
Freie Hansestadt Bremen, Der Landesarchäologe, Ronzelenstraße 51, 28359 Bremen

HAMBURG
Hamburger Museum für Archäologie, Abt. Bodendenkmalpflege, Museumsplatz 2, 21073 Hamburg

HESSEN
Landesamt für Denkmalpflege Hessen, Abt. Archäologische Denkmalpflege, Schloß Biebrich/Ostflügel, 65203 Wiesbaden

MECKLENBURG-VORPOMMERN
Landesamt für Bodendenkmalpflege Mecklenburg-Vorpommern und Archäologisches Landesmuseum, Schloß Wiligrad, 19069 Lübstorf

NIEDERSACHSEN
Niedersächsisches Landesverwaltungsamt, Institut für Denkmalpflege, Scharnhorststraße 1, 30175 Hannover

NORDRHEIN-WESTFALEN
Rheinland: Rheinisches Amt für Bodendenkmalpflege, Endenicher Straße 133, 53115 Bonn
Westfalen: Westfälisches Museum für Archäologie, Amt für Bodendenkmalpflege, Rothenburg 30, 48143 Münster
Stadtgebiet Köln: Amt für Archäologische Bodendenkmalpflege, Roncalliplatz 4, 50667 Köln

RHEINLAND-PFALZ
Landesamt für Denkmalpflege Rheinland-Pfalz, Abt. Archäologische Denkmalpflege, Rheinisches Landesmuseum Trier, Ostallee 44, 54290 Trier

SAARLAND
Staatliches Konservatoramt, Abt. Bodendenkmalpflege, Schloßplatz 16, 66119 Saarbrücken

SACHSEN
Landesmuseum für Vorgeschichte mit Archäologischem Landesamt Sachsen, Japanisches Palais, 01097 Dresden

SACHSEN-ANHALT
Landesamt für Archäologische Denkmalpflege Sachsen-Anhalt/Landesmuseum für Vorgeschichte, Richard-Wagner-Straße 9-10, 06114 Halle/Saale

SCHLESWIG-HOLSTEIN
Landesamt für Vor- und Frühgeschichte von Schleswig-Holstein, Schloß Annettenhöh, Brockdorff-Rantzau-Straße 70, 24837 Schleswig
Lübeck: Amt für Vor- und Frühgeschichte, Bodendenkmalpflege, Meesenring 8/II, 23566 Lübeck

THÜRINGEN
Thüringisches Landesamt für Archäologische Denkmalpflege, Humboldtstraße 11, 99432 Weimar

Standorte der abgebildeten Objekte